JN130606

そろそろ「社会運動」の話をしよう

改訂新版

［編］田中優子＋法政大学社会学部「社会を変えるための実践論」講座

自分ゴトとして考え、行動する。
社会を変えるための実践論

明石書店

まえがき――この本と講義「社会を変えるための実践論」について

田中優子

講義「社会を変える実践論」は、法政大学社会学部で2011年度から開始され、9年目に入った。毎回複数の教員がかかわる実験授業として始められ、今では正規の授業である。現在でも、講義をする教員だけでなく、議論に参加する教員が複数、教室の中にいる。

この講義の目的は第一には、さまざまな問題に当事者として直面したときに、その解決に向けて行動する方法を学ぶことである。第二には、自分を取り巻く社会と自分との関わりを知り、どのようにこの世界を理解し、どう能動的にかかわっていけばよいのかを知ることにある。

講義は大教室でおこなわれているが、講義時間を短くして、学生同士がグループを構成し議論する方法で進めている。受け身で聞いているだけでは自分のものになりにくい。誰かに何かを言わねばならないとき、はじめて「私はこの問題について何を発言できるのか」を真剣に考える。

そして、関心が無いと思っていたテーマについても、考え、意見をもつことができる、という経験をするはずだ。より明瞭な発言をするためには、調査や勉強が必要である、という実感ももつだろう。さらに人に説明し説得するためには、知識によって考えを深め、論理的に構成し、言葉を選ばねばならないことも理解するだろう。語彙の貧弱さに気づき、本を読むことの大切さもわかってくれれば、もっと良い。それらを目標とし、少人数教育でしかできない試みを、講義教室でなんとかやりながら進めている。

問題に直面したとき、私たちはどう行動するだろうか？　誰かに相談する、話し合う場を作る、資料を調べる、本を読んでみる、手紙やメールを書くなど、私たちはそんなふうに始めるものだ。そしてそれがさまざまな行動につながる場合がある。しかしそれはどんな行動だろう。何ができるのか？　何はやってはならないのか？　もっとも陥りがちなのが、「自分が悪いのだろうか」という迷いや、「私だけ我慢すれば」「めんどうだから静かにしていよう」という心情だろう。しかし学生のときはともかく、社会に出てからは、それでは自分も周囲も社会も変わらない。自分自身が困っているとは限らない。同僚が、家族が、大事な人たちが困っている場合がある。その原因は何なのか、考えることができる力こそが「知性」なのである。

もし何も学ぼうとしなければ、さまざまな人が無知につけこんでくる。働いても相応の報酬がない。度を超した長時間労働にさらされている。突然解雇される。なぜ働くことと家族をもつこととは両立しないのか？　なぜこのような環境に置かれるのか？　社会の仕組み、世界の仕組みはいったいどうなっているのか？　何をどう考えたらいいのか？　それらの疑問にぶつかったとき、自力で調査し、事実に基づいて考え、ふさわしい相談相手をみつけ、議論の場を自ら創るという「行動するための知性」をもってほしいのだ。

大学とは、学生たちにとって何をする場所だろう。

就職のパスポートとしては、いくらか不確実だ。誰もが思うようになるわけではない。いろいろ悩みながらともかく社会に出ていく。卒業してしまえば、自力で切り抜けるしかない。仕事のことのみならず、家庭生活を営む、選挙や住民投票で投票する、ツイッターやブログで何かを書くなど、日常生活のさまざまな場面で、市民としての考えと知性と選択能力が問われる時代である。そこで、自ら事実の確認をする調査能力、できるだけ正確な情報を得るメディアリテラシー、一過性の感情を超えて論理的に語る言語能力、議論して異なる考えと出会い、言語化して自らの無知を知ってさらに知性に磨きをかける粘り強さなど、大学でこそ身につけてほしいことはたくさんある。

ふつうそういうことは大学で教えない。なぜこういう講義が始まったのか。それはまず、社会学部の教員たちがそれぞれ、自分自身が困難に直面し、それを回避せずに解決の道を探してきた経験をもっているからである。自立した市民としてこの民主主義の世の中に生きることは、決して簡単なことでも当たり前のことでもない。学校で知識を得たからといってできることでもない。社会学部の教員たちは自らその状況と向き合い、行動し、解決の過程で民主主義の一端を担ってきたからこそ、その難しさを知っている。そして、そのことを伝えたいと思った。

この講義はいわば、シティズンシップ教育と社会運動論を結びつけた講義である。当初はジャーナリズムと社会変革、ブラック企業とブラックバイト、メディアの使いかた、市民と権利主体、グローバルな問題とは何か、歴史的不正義をみつめる、少しでも前にゆくためのソーシャルビジネスの道、などのテーマに取り組んでいた。近年では、学生たちにとって切実な奨学金問題や非正規労働者問題、政治参加の方法や地方政治、ＬＧＢＴや障がい者、在日コリアンと人権などもテーマに加わった。

法政大学は市民のための大学である。具体的に言えば、問題に当事者として直面したとき、その解決に向けて主体的に行動する意欲と方法をもった人が、市民である。直面する問題が個人の問題であったとしても、それを自己責任としてただちに片付けたり引き受けたりするのではなく、それを社会の問題、時には世界の問題として捉え直す視点と思考をもっている人が市民である。その先には社会の仕組みを変える、という行動がある。しかしそれは一朝一夕でできることではなく、多くの市民は働きながら、日常生活を営みながら、その隙間で学び、考え、行動している。それで良い。そのような日常の中での行動する知性を、この講義では少しでも獲得してほしいのだ。

そろそろ「社会運動」の話をしよう【改訂新版】
――自分ゴトとして考え、行動する。社会を変えるための実践論★目次

PART Ⅲ 社会問題に巻き込まれていく時

PART Ⅳ 世界とつながる

PART Ⅴ　社会を変えるには

PART I　他人ゴトから自分ゴトへ

第1章

最低賃金を一五〇〇円に！ AEQUITASがはじめた新しい「声のあげ方」

鈴木宗徳

エキタスという新しい運動

日本は格差社会だ。非正規雇用で働いている人がたくさんいる。そのくらいのことは、この本の読者であれば誰でも知っている。「格差社会」が流行語大賞に選ばれたのは二〇〇六年。リーマンショックで派遣切りにあった人たちのため、日比谷公園に「年越し派遣村」ができたのは二〇〇八年。あれから十年あまりが経つが、格差や貧困の問題はまったく解決していない。たしかに政府は、いざなぎ景気を超える長期の景気回復が続いていると言っている。しかし周りを少し見れば、時給九〇〇円くらいで働いている居酒屋店員のフリーターや清掃係のお年寄りがたくさんいることは、すぐにわかる。生活が苦しい人はたくさんいるはずだ。

でも、どうしてみんな何も言わないんだろう。政府の景気対策がいつか上手くいくと思うから？　お金が尽きた人は誰かが助けてくれるはずだから？　頑張ればいつかは給料が上がるから？　声を上げても何も変わらないから？　声を上げるのは恥ずかしいから？

これから紹介する「ＡＥＱＵＩＴＡＳ」（エキタス）という若者を中心とした社会運動は、きわめてシンプルで有効な声のあげ方を教えてくれる。それは「最低賃金を一五〇〇円に！」というスローガンだ。給料が低ければ「上げろ！」と言えばいい。わが国には最低賃金法というものがある。都道府県ごとに定められた最低賃金は、いま全国平均で時給八四八円だ（２０１８年７月）。これを大幅に引き上げさせれば、全国から貧困問題は一掃されるというわけだ。

デモのサウンドカー

エキタスの運動には、まったく悲愴感がない。なかにはかなり苦しい生活を経験している当事者もいるはずなのに、彼／彼女らが上げる怒りの声は、堂々として清々しい。ＡＥＱＵＩＴＡＳとは、ラテン語で「正義」や「公正」を意味する言葉だ。彼らは新宿や渋谷でデモを企画し、名古屋、京都、札幌などでも共感する人々が行動をはじめている。彼らが掲げるプラカードには、「最低賃金を一五〇〇円に」のほか、「生活苦しいヤツは声あげろ」、「働いた分の金くらい払え」、「くたばれブラック企業」といった（おそらく緻密に考え抜かれた）小気味よいスローガンがプリントされている。「Money for Life, Not for War」や「守れ憲法二十五条」といった、ちょっとした変化球もある。そのどれもがカラシ色を基調としたスタイリッシュで統一感のあるデザインとなっている。ゴールドやシルバーの風船で飾り付けられたサウンドカーとコーラーが先導するデモは、音楽を聞くために参加しても十分に楽しめる。

日本の反貧困運動は、新しい段階に入ったのかもしれない。エキタスの運動には、憐れみや同情心を買おうとする卑屈さもなければ、イデオロギーの押しつけもない。熱い気持ちとクールなスタイルを併せもち、発せられる言葉はすべて敵を撃ち抜く鋭さを備えている。

この章では、この特異な社会運動を実践しているメンバーのうち、宮鍋匠さん、山本耕平さん、のじまさとこさん、藤井久実子さん、齋藤道明さんの五名に対して行ったインタビュー（二〇一八年二月一〇日）の一部を紹介する。彼らはみなどこにでもいる普通の社会人で、エキタスという役職を一切つくらない水平的な組織を、ＳＮＳ上で話し合いをしながら運営している。なぜ「最低賃金を一五〇〇円に」なのかという話を織り交ぜながら、彼らの思いに耳を傾けてもらうことにしよう。

三・一一から生まれた運動のスタイル

――エキタスが結成された経緯と、みなさんが活動に参加したきっかけを教えてください。

山本　二〇一五年の九月にエキタスのツイッターを立ち上げたのが始まりです。十月に初めてのデモを開催し、七〇〇～八〇〇人の参加者を集めたと思います。

宮鍋　二〇一一年の福島第一原発事故以降、様々な市民運動が生まれました。私自身、原発再稼働反対を訴える金曜官邸前抗議や、反原発運動への参加をSNSで呼びかけるTwitNoNukes（ツイット・ノーニュークス）、ヘイトスピーチに対するカウンター活動[1]、二〇一五年の安保法制反対の運動[2]などにかかわってきました。そのなかで、若者の労働問題にとり組んでいる首都圏青年ユニオン[3]の原田仁希さんたちが、無党派の市民運動のなかに労働運動が無いという話をしていて、エキタスを運営するためのノウハウを教えてほしいと誘われました。

山本　労働組合運動に関わっていて、そのなかで原田さんたちの動きを知り、立ち上げに参加しました。エキタスではプラカードやチラシのデザインを担当していますが、会社の組合活動はデザインもシュプレヒコールも七〇年代のままで、他の運動のように何とかしないといけないと思っていました。

のじま　私は大阪に住んでいて、やはり二〇一一年の三・一一以降のいろいろな運動に参加していました。大阪都構想反対、反原発、カウンター活動、従軍慰安婦の方々による街宣の手伝いなどです。東京でエキタスができて、関西でも大騒ぎになりました。東京に引っ越すことになって、これで参加できると楽しみにしていたところ、ツイッターを通して知り合った宮鍋さんに誘ってもらいました。

「上げろ最低賃金デモ」のチラシ

藤井 ツイッターで知って参加しました。私も三・一一以降の運動に参加していたけれど、非正規だったため、既存の労働組合のデモは参加できないと感じていました。エキタスのデモは格好よく、やっとそういう労働運動が市民運動の中から出てきたなと感じました。

齋藤 法政大学のゼミで同期の友人が首都圏青年ユニオンの委員をしていて、エキタスの立ち上げにも参加していました。私も立ち上げ翌年の一月から運営に携わるようになりました。

――みなさん一様に、市民の声を基盤とした労働運動が生まれることを期待していたんですね。その前提として、この社会で働いていて生きづらさを感じるような原体験のようなものがあったのでしょうか。

藤井 正社員は会社に守られているのに、私のような派遣社員はみんな一〇〇円でも時給の高い仕事を探して渡り歩いていて、しんどさを抱えていました。「派遣さん」と見られたり、職場で仲の良い人ができても愚痴を言いあうだけで終わってしまい、労働問題について誰に話してよいかわからず、いつも希薄な関係のままでした。日本には、社会についての問題提起などあまりしない方がよいという風潮があると思います。NPOで働いたときだけは、話ができる先輩と労働組合を作ろうかまで相談しましたが、その人も辞めさせられてしまいました。

宮鍋　私の両親は共働きで定年まで勤めたんですが、自分も同じことをしているのに経済状態がまったく違うんです。ふつうに会社に勤めていればなんとかなると思っていたのに、定期昇給もボーナスも少なく、将来の蓄えができない。いずれ生活保護を受けないと生活できなくなるかもしれないな、という実感があります。一生懸命頑張っても変わらないのなら、底上げするための運動をしないとまずいということじゃないですか。

のじま　大学受験の頃、親はいつも「いい大学に入って、大きな会社に入った方がよい」と言っていました。それが必ずしも良い人生だと言えなくとも、自分の身を守るリアルな手段として親が提示してくれていることは理解していました。そのとき生活保護バッシング[4]や高学歴ワーキングプアが話題になっていたので、親に「専門学校に入ったり資格をとった方がよい」と言ったところ、「四大卒という資格を取りなさい」と言われました。大人しく受験勉強をつづけましたが、大卒でも安泰ではないという現実について考えさせられました。

齋藤　大学の体育会で日本社会の縮図を見た気がしました。先輩にどれだけ気遣いができるかを競わされ、先輩から理不尽な命令をされたこともありました。それなのに、体育会を出た先輩が不動産や証券などよい会社に就職している。個人を滅して会社に貢献する構造をなんとかしないといけないと思いました。

山本　うつ病で大学をやめて病院通いをしていたことがあるのですが、当時「自己責任」とか「勝ち組・負け組」という言説が出てきていて、ドロップアウトした自分を「うあぁ、負け組だよ」と感じてしまいました。その頃から、この国は生きづらいというモヤっとしたものを感じていて、労働組合で得た非正規雇用や最低賃金についての知識がそれとリンクして、働き方の問題なのだと気づくようになりました。

貧困問題の現在

現在、（役員を除く）雇用者全体のうち非正規雇用の占める割合は、すでに三七・三%にまで達している（「労働力調査」より）。四割近くの人たちが非正規で働いているのだ。正社員には一般にいわゆる年功型賃金が適用され、年齢が上がるにつれて賃金も上がる上昇カーブを描くが、そうでない労働者の賃金はほとんど上がらない。常用雇用の一般労働者（短時間労働者をのぞく）の年収を実労働時間で割って「時給」を計算してみると、二〇歳までの世代では正規雇用でも非正規雇用でも平均時給一〇〇〇円前後でほとんど差はないが、五〇歳を超えると一般労働者は時給二四〇〇円くらいの収入になる一方、それ以外はその半分のおよそ一二〇〇円にしかならない。生涯年収を計算すると、正規か非正規かで一億円以上の差が生まれてしまう（「賃金構造基本統計調査」より）。

非正規雇用の大半が主婦パートや学生アルバイトであった時代は、主たる家計支持者である男性正社員の雇用が安定しているのだから、非正規の賃金は低くても構わないという考え方が常識であった。しかし、非正規が四割近くにまで増えたいま、家族を養うに足る稼ぎのある「家計支持者」の数は先細りしているはずである。また、そもそも女性だから非正規で構わないとするのは差別であり、男性配偶者への経済的従属を強いる状況は克服されなければならない。

アルバイトをする若者の生活も苦しくなっている。大学新入生への仕送り月額（六月以降）を見ると、一九九四年のピーク時は一二万四九〇〇円あったのが、二〇一六年には八万五七〇〇円にまで減少している（東京私大教連「私立大学新入生の家計負担調査」より）。その一方で奨学金に頼る学生が増えていて、全大学生（学部生・昼間部）のうち奨学金を利用する者はすでに半数を超えている。労働福祉中央協議会が実施したアンケート（二〇一六年）によれば、奨学金の借入総額は一人あたり平均三一二・九万円で、卒業してから月平均一・七万円を返済している。もちろん、なによりまず給付型奨学金制度や学費減免制度の充実が必要である。しかし、借金を背負って卒業し、そのために結婚も出産もままならない若者が増えてゆくことを考えれば、正規／非正規を問わず二〇代のアルバイトや新入社員が時給一〇〇〇～一三〇〇円しか稼げない現状は改善されるべきである。

労働組合にもっと交渉力があれば、最低賃金法に頼らなくとも賃金は上げられるのかもしれない。しかし多くの労働組合の組合員は正社員中心で組織率も低く、正社員とは待遇がまったく違い、短期間で辞めてゆく非正規労働者を組織化できていないのが現状である。エキタスの運動は、こうした労働組合の弱点を補っているとも言えるのだ。

すでにアメリカでは、Fight for $15（ファイト・フォア・フィフティーン）という「最低賃金を一五ドルに」を掲げる運動が、一定の成功を収めている。二〇一二年にニューヨーク市のマクドナルドで約二〇〇人の従業員が時給一五ドルを求めてストライキを起こしたのをきっかけに、二〇一五年四月には、全米二〇〇以上の都市で六万人以上が参加するデモが行われた。ほんの数年前までは「最低賃金を九ドルに」が一般的な目標だったのに、すでにいくつかの州で段階的な一五ドルの実施が決まっている。日本でもごく最近まで「一〇〇〇円」が掲げられていたが、エキタスの活動によって、二〇一七年の衆院選では複数の政党が「一五〇〇円」を公約に掲げるようになった。

なぜ「最低賃金を一五〇〇円に！」なのか

――時給一五〇〇円くらい稼がないと暮らしていけないことは、マーケット・バスケット方式5

による調査が各地で重ねられ、どこに住んでいても必要な金額であることが証明されてきました。この、エキタスの「最低賃金を一五〇〇円に！」というスローガンは、どのような意味をもつのでしょうか。労働や貧困については、「非正規雇用を正規に！」とか、「ブラック企業をなくせ！」とか、ほかにも論点はありますよね。

山本　時給一五〇〇円で計算しても、年収三〇〇万円にもとどきません。ひとり暮らしの人がようやく暮らしていける金額です。憲法二十五条に「健康で文化的な最低限度の生活」が謳われてるんだから、それくらい貰っていいんじゃないでしょうか。それに、最低賃金はこれ以上下げてはならない下限だから、全体のボトムアップにもつながるはずです。

齋藤　最低賃金一五〇〇円を目指すのは、非正規を無くして正規雇用に転換しようというこれまでの運動とはまったく違う、非正規のまま働きつづけられる社会をつくり出す運動であるとも言えます。

かつての日本の正規労働者は、企業社会に包摂されその支配を受け入れさえすれば、それなりに恵まれた待遇で働き、定年後まで安定した生活を送ることができました。しかし最近では、一方の正規労働者においては労働強度が維持されたまま待遇が引き下げられ、他方の非正規労働者においては劣悪な待遇は維持されたまま労働強度が強められ、職場で戦力となることが期待されるという傾向が見られます。低賃金の非正規でも戦力になるのだからどんどん置き換えてしまえ、という動きが広がれば、それだけ正規の方も厳しい要求にさらされます。その結果がいわゆるブラック企業で、厳しいノルマやパワハラによって正規の若者たちが使い潰されています。

こうしたなか、正規労働者を目指すことが果たして若者にとって魅力的な選択肢に映るでしょうか。収入だけを比べれば、非正規より正規の方が恵まれているのは確かです。しかし、正規の仕事に就くことがますます魅力的でなくなるのであれば、むしろ最低賃金を抜本的に引き上げ、非正規のままでも暮らしていけるようにすることこそが必要です。最低賃金を一五〇〇円にすることが、「多様な働き方」を認める社会をつくり出すための第一歩なのです。

――新卒の若者がすぐに正規の仕事を見つけて一生会社に縛りつけられるというモデルではなく、それこそボランティアをしたり社会運動に取り組むことも含め、武者修行をしながら試行錯誤するチャンスを与えることのできる、余裕のある社会になってほしいです。そのためには、短期の雇用であっても生活するのに十分な収入が必要不可欠ですからね。それから、日本でひとり親世帯の貧困率が異常に高いのは、子育てのため長時間働くことのできない母親の収入が低すぎるからです。育児や介護のための時間を必要としている人も、そうした「多様な働き方」を求めています。

宮鍋 運動をしながら、「最低賃金を一五〇〇円に」というスローガンは女性などの賃金差別の問題ともリンクしていることを学びました。ただそれ以前に、「働いた分ちゃんと金よこせ！」というストレートなメッセージであることが重要なんです。こういう運動をするのは、まじめで清く正しい人たちでなければならないっていうステレオタイプがあるじゃないですか。そうでなくてもできるものがよいと思っています。

——アメリカのFight for $15が、いくつかの州で最低賃金一五ドルを実現しています。一五ドルは一七〇〇円弱ですね。イギリス労働党は最低賃金を一〇ポンドまで上げることを掲げていますが、これは一五〇〇円くらいです。日本では、各国の運動や政党が要求する水準が一五〇〇円前後に収れんしつつあるようです。

藤井 いいま、最低賃金が注目されるのは良いことで、保育や介護の賃金が低くて人手が足りないまま、いろいろな立場で働いている人の共感を集めるスローガンだと思います。その一方、学生アルバイトの時給は低くてもいいんだ、長期雇用を約束されている新卒の新入社員の給料は低くてもいいんだ、夫が稼いでいれば主婦パートの賃金は低くてもいいんだといった悪しき「常識」が、まだまだ根強いようにも思います。

誰もが結婚して家庭をもつことを前提としたモデルではなく、一人でも生きられる賃金が必要だと思うんです。アルバイトだからこれくらいで、女性だからこれくらいで、というのとは関係なく、一五〇〇円が最低限であれば一人でも生きられる。

齋藤 戦後に確立したいわゆる「企業社会」のなかで企業に迎合的な労働組合が作り出してきた働き方を、根本からぶち壊すきっかけにしたいですね。

山本　デモをやっているとき、コンビニエンスストアの店員さんがわざわざ出てきて手を振ってくれたことがあります。アルバイトの人たちの気持ちをアゲることのできるスローガンなんだなと思いました。

再分配なくして成長なし

エキタスの主張に対して、最低賃金を上げると逆に失業が増えるのではないか、企業の倒産が増えるのではないか、といった反論がなされることがある。エキタスはそれに反論するため、「中小企業に税金まわせ」と「経済にデモクラシーを」という二つの鍵となる重要なスローガンを用意している。

景気が回復するなか、日本企業の内部留保（蓄積された利益剰余金）は四〇〇兆円を超え、過去最高を更新している。それでも実質賃金が上がらないのは、企業が人件費にお金を回していないことを意味する。しかし賃金が上がらなければ消費も冷え込むばかりであるから、いま必要なのは、景気回復の果実を家計にまでゆきわたらせる政策のはずである。ただし高所得者ばかりを潤わせても、彼らはただ将来のためにお金を蓄えたり、金融市場に投資するだけである。そのぶん、近年「貯蓄ゼロ」の世帯が急増していると言われる（「家計の金融行動に関する世論調査」、「国民生活基礎調査」より）貧困層は、収入が増えればすぐに日常的な消費に回すはずであるから、経済の好循環に寄与するのは明らかである。

ただし、内部留保が膨れ上がっているとは言え、それは一部の大企業に偏っており、中小企業には賃金を上げる余裕などないかもしれない。たしかに、ただ最低賃金を上げるだけでは中小企業が倒産し、失業が増えるかもしれない。だからこそ、他の先進諸国をお手本にして、中小企業向けの減税や社会保険料の減免措置を拡充せよというのがエキタスの二つめのスローガン、「中小企業に税金回せ」の意味である。儲かっていないところから搾り取ろうというのではなく、儲かっているところから税金をきちんと集めて貧困層や中小企業のために使うというのが、エキタスが掲げるビジョンである。

三つめの「経済にデモクラシーを」も重要なスローガンである。エキタスはしばしば「再分配なくして成長なし」という言葉を掲げている。政府が集めるべきところからお金を集め、分配すべきところに分配する。こうした適切な「再分配政策」が行われなければ経済成長は達成できない。そのためには、民衆による経済政策のコントロールが必要なのである。エキタスが行う街宣では、様々な政党の政治家がスピーチを行っているし、二〇一七年の東京都議選で、エキタスは、候補者に対する公開質問状を出して経済政策をめぐる論戦を呼びかけている。ボトムアップ型の世論によって経済政策に影響を与えようとしているのである。

経済にデモクラシーを

――最低賃金を上げても失業率が上がるだけだという意見は、海外の経済学者によって続々と反証されています。それでも、一五〇〇円なんて「どうせ実現しない」（だから真面目に働け）とか「失業率が上がるだけ」という冷笑的な意見が見られることについて、どう思いますか。

宮鍋 Fight for $15 のサイトにあるQ＆Aを見れば、典型的な批判にはすべて反論が用意されています。またSNS上でなされるエキタスへの反論は、あえてさせることによって我々の理論を浸透させるきっかけにしようと考えています。ただしSNSのフォロワーはまだ一万二千人くらいで、その十倍くらいほしいと思っていますが。

――「最低賃金を一五〇〇円に」というスローガンは、「中小企業に税金まわせ」とセットで主張してこそ意味があると思います。重層的下請け構造下にある日本の中小企業は、元請企業の圧力によって賃金を低く抑えることを強いられてます。中小企業が大企業から相対的に自立できないかぎり、賃金上昇や均等待遇はあり得ないでしょう。先ほどのコンビニについても、下請けとは言いませんが、フランチャイズの経営者はコンビニの本部から厳しい搾取を受けていると言われていて、アルバイト店員と同じ犠牲者の側だという見方もできます。「中小企業に税金まわせ」は、一部の大企業にお金が集まる仕組みを変えることに目配りしたスローガンだと思います。

宮鍋　コンビニで働いている店長さんは、みんな疲れた顔をしていますよね。いつ見ても休みなくカウンターにいるし。

藤井　大企業向けの優遇税制がありますが、「中小企業に税金まわせ」というのはそこだけ優遇するなということでもあります。

齋藤　中小企業の問題はエキタス京都が頑張っていて、中小企業団体とシンポジウムをやっていますよ。

――三つめの「経済にデモクラシーを」というスローガンも重要です。二〇一八年二月の国会で、安倍首相は「五年間で最低賃金を時給一〇〇円上げた」と胸を張りました。これで支持が得られるというのでは、日本のデモクラシーはまだまだだと思いますよね。企業が成長すれば生活も自然に良くなると思っている、トリクルダウン（貧しい人にも富が滴り落ちる）的な発想の人がまだまだ多いのかもしれません。

宮鍋　企業が儲かるというのには、いい商品を作ってたくさん売って儲けるやり方と、従業員の待遇を落として儲けるやり方があります。経済成長の名の下に、どんどん後者のやり方が強まってる気がします。短期の利益は上がってもそれだけでは企業自体の体力が落ちるから、この先心配です。

――労働や貧困の問題は、九〇年代末からたびたび指摘されてきました。それにもかかわらず、この間の大きな政策変更と言えば民主党政権による高校授業料無償化くらいで、これといった成果が見られません。二〇一六年のアメリカ大統領選で民主党候補を争ったバーニー・サンダースが「最低賃金一五ドル」や「公立大学授業料無償化」を掲げましたが、日本では労働問題や貧困問題が政策綱領の上位に入らないのはおかしいと感じます。

宮鍋　アメリカのバーニー・サンダースも、イギリスのジェレミー・コービンも、若者が支持する新しいリーダーは、平和の問題と労働の問題を両方主張しています。それなのに、日本では平和運動と労働運動の乖離が大きいのが問題だと思います。憲法についても、九条（戦争放棄）も二十五条（生存権）も両方重要なのに、「平和」の方が人が集まります。

――戦後の日本の政党の左右の対立は、労働や貧困や福祉をイシューにした対立ではなかったですよね。

藤井　日本型の企業社会と終身雇用を前提として、結婚すればみんな生活できるようになる仕組みを前提に左右の合意を作っていたと思います。その制度だけでは生活できない人がいるという現実に、世論がまだついてきていないのでしょう。

のじま　政治家の間で、社会を作っていくのは男性だという考えが根強いのかもしれません。それで、女性や生活弱者の人たちが見えてこない。

労働組合で職場を代表する役職についていたことがあるのですが、労働組合が自分たちを守ってくれる存在であることが認知されていないことに気づき、道は険しいと感じました。労組に対する誤解を解きほぐしながら、自分たちで労組を作っていくという意識づくりが必要だと感じていました。

貧困バッシングと自己責任論を超える

二〇一七年八月、エキタスは「貧困叩きに抗議する新宿緊急デモ」を行っている。このとき、NHKのニュース番組で「子どもの貧困」が取り上げられ、登場した貧困家庭の女子高生がネット上でバッシングされる事件が起こったのである。「アニメグッズが部屋にたくさんある」という書き込みにはじまり、本人のSNSのアカウントが暴かれると、過去ツイートから「ランチに一〇〇〇円使っている」などバッシングのコメントが書き込まれ、国会議員もこれに加わった。

貧困とは、住む場所がないとか明日の食事に困るといった極限状態のみを指す言葉ではない。子どもや若者が周りの友だちより極端に低い水準の生活を強いられ、それによって自尊感情を傷つけられること、これもまた解消すべき貧困問題である。しかし、当事者が「自分の努力が足りないせいだ」という自己責任の感情にとらわれ、沈黙したままでは、解決は遠のいてしまう。ところが日本の世論は、ともすると私生活を暴いてまで貧困当事者をバッシングし、ますます沈黙させようとしている。

冒頭で述べたように、エキタスの運動には憐れみや同情心を買うような卑屈さを一切感じさせない。これは一人でも多くの当事者を勇気づけ、バッシングをはねのけようとする意思の表れとも言える。

――二〇一二年の生活保護受給を不正だと非難するバッシングや、昨年の貧困女子高生の炎上騒動など、貧困層を叩く世論についてはどう思われますか。

藤井　今年一月にエキタスが自立生活サポートセンター・もやい[6]と共同で行った、生活保護引き下げに反対する街宣のとき、間違った不正受給報道を信じている人と話をする機会がありました。ジャーナリストの方が「不正受給をしているのはほんの一握りだ」という話をしているとき、私が話しかけたその人は、「まず不正受給を無くしてから救済すべきだ」と言っていました。その上、「頑張ればそんなことにはならない」、「自分も父親が病気になって困ったけれど、頑張って奨学金をもらって大学に通い、仕事で成功してアメリカに住んでいる」と力説していました。私が「あなたも生活保護を受けられたと思いますよ」と言ったら、「頑張れない人を救う必要があるのか、生活保護を受けた人は頑張るのか」と言われました。頑張っている人と頑張っていない人なんて、線引きなどできるんだろうかと思います。

宮鍋　成功しなかった自分の姿を想像して、それを自己否定する代わりに他の人たちを否定したいんでしょうね。

藤井　私自身も仕事が上手くいかないと、「頑張らなかったからだ」という自己責任的な気持ちになってしまうことは多いです。働かせる側が、会社の責任ではなく個人の努力のせいだ、努力すればできるはずだと言ってくるからです。

――努力をしても成果が出ないのは、会社が人件費を割いて十分に人を雇うことをしていないからであり、そのせいで個人に莫大な努力が課せられてしまっている、という言い方もできますよね。

宮鍋 会社の自己責任だろ、って言えますよね。

――貧困を個人の「自己責任」にすぎないとする考え方は、まだまだ根強いと思います。つまり、個人的な問題に過ぎないとして見なかったことにしたり、努力で克服できると見なしたり、家族・親族の助け合いで克服できると見なしたり、企業収益が上がれば自動的に解決する問題ととらえたり、貧困層を救済すると競争原理が弛緩して社会に活力がなくなるから良くないととらえたり、……といった考え方が蔓延しています。

藤井 成功した起業家などを見ていると、日本では「成り上がり理論」が根強いという気がします。競争で勝ち上がった人を人生のモデルにしなさい、という。

――大学教育でも、「この厳しい社会のなかで勝ち抜きなさい」ということを教えるのが教育だという考えから抜け出すのが難しいと、日々感じています。

宮鍋 一番まずいのは、勝ち抜けなかったときにどうすればよいのかを教えないことですよね。勝つ人と負ける人、自分がどちらになるかはわからない。負けたときに生活を守る方法を教えずに、自己責任で終わらせてはいけない。生活保護制度をはじめ、最低限の社会保障についての教育をしてほしいです。負け組になったときに生き延びる方法を知っていてこそ、安心して上を目指せるから。それから、負けたときに一番下まで落ちるんじゃなくて、最低限のボトムを決めておかないといけません。

山本　大学でのワークルール教育[7]も必要です。全く習わないですからね。

――のじまさんが親から「四大出なさい」と言われて反発したのは、言外に「勝ち組になりなさい」論を感じ取ったからというのもあるかもしれません。そういうプレッシャーを感じたことはありますか。

山本　うつ病になる直前くらいにすごく感じました。それから、自己責任論には世代も関係していて、五〇～六〇代の人の考え方がまだ支配的なんだと思うんです。さらにたちの悪いことに、二〇〇〇年代にホリエモン（堀江貴文）が出てきて「自己責任」というタームが一気に一般化しました。ただ、最近は若い人を見ていて、努力してもどうにもならないよね、と思っているとも感じます。若い社員の「やってられないよね感」が強く、彼らはやりがいみたいなものを信じていません。

齋藤　まじめに学校に通って、四大を出て、大企業に就職して、家庭をつくって、という決められたライフコースがあって、そこから落ちたら全て負け組で、そのうえ企業でどれだけ出世できるかという競争にも巻き込まれる。自己責任論は、そういう社会のあり方が作ってきたものだと思います。その一方で、そこから抜け出して成功した経営者やスポーツ選手の本もすごく売れている時代ですよね。サッカーの本田圭佑とか。ルートに沿って進むことも自己責任だし、そこから飛び出した人についても「自己責任でやったら成功した」という成功談がもてはやされている。

宮鍋 貧困からスターにのし上がったジェームス・ブラウンも、公民権運動で黒人に対する差別撤廃や権利の向上を訴えていましたが、その一方では、福祉を切り詰めたニクソンを支持しました。ハングリー精神でスターにまで上り詰める物語は感動するしエンターテイメント性があって、例えばイギリスではサッカー選手がこれにあたるのかもしれませんが、自己責任論と親和性があるんですよね。

――可哀そうな人々の物語に一時的に共感して感傷的に消費する〝貧困ポルノ〟の裏返しですよね。成功物語にしても、それを現実に投影してしまうと、普通の暮らしをする権利というものが見失われてしまいます。

山本 私は何年かうつ病になっても、それでも両親がお金に不自由していなかったから何とかなったけれど、通院先のデイケアに通っている人には、四〇代、五〇代で生活に困っているのに精神病を患っている人がたくさんいました。それを見ていると、自分はただ運がいいだけだと思いました。オバマがインタビューで「自分は努力もしたけれど運がよかっただけだ」と言っているのも聞きました。

変化する社会運動

――エキタスが注目される背景には、既存の労働組合の弱体化という現実があると思います。エキタスは労組とどのように関わってきましたか。

宮鍋　連合系でも全労協系でも全労連系[8]でも、興味をもってコンタクトを取ってくれる方はいらっしゃいます。ある公務員系の組合の方は、公務員バッシングのせいなのか、デモのとき冷たい声を浴びせられてしょげていたそうですが、エキタスのデモは全然違ってカルチャーショックを受けたと言っていました。エキタスにも労組にも得意・不得意があって、エキタスはデモも街宣もやりたいと思えばすぐにできますが、組織やお金といった基盤がないため、計画的に地道にやるのには向きません。労組はそれができるし、政党との間にパイプを作ったり圧力をかけることもできます。

――エキタスのようなデモや街宣を中心とした社会運動は、二〇〇〇年代のイラク戦争反対デモなどを経て、三・一一以後に文化として定着したと思います。原発再稼働、特定秘密保護法、安保法制、ヘイトやレイシズム、米軍基地といった個別の問題を扱いながら、相互に人的交流も見られます。こうした文化が生まれたことをどう思いますか。

藤井　私の親は環境保護や街づくりの運動をやっていたのですが、家のなかでは政治の話ができたけれど、学校ではできませんでした。授業で社会問題を取り上げてくれる先生はいても、政治の話をすると友だちに「NHKっぽい」と言われたり。会社でも同じだったので、三・一一で大きく変わったという実感があります。

のじま　差別や抑圧のせいで生きづらさを抱えている人がたくさんいて、でも、それを口にさせない社会構造が長い時間をかけて醸成されてきたように感じます。この抑圧構造をベースにしながら、抑圧される層は時代の流れとともに少しずつ広くなり、その中で一致できるようになった人々が声を上げはじめ、それが歴史を作りつつあるのかなと思います。

――ヘイトスピーチについて言うと、これは差別されている人たちを黙らせる効果を持っています。ヘイトにさらされることによって、自分が在日コリアンであるというアイデンティティの根幹を口に出せなくなってしまうのが、恐ろしいと感じます。自分とは異なるマイノリティを攻撃し、排除する空気が強くなっています。

宮鍋　生活保護についても「私、受給してます」って言えなくされてますよね。

のじま　私は親から南京事件や慰安婦を否定している人がいることを聞かされていたのに、同時にそれを「放っておけ」とも言われていました。でも放っておいたせいで大阪の鶴橋のような酷いヘイト街宣が行われるようになってしまったことに、大きな後悔を感じています。放っておくのは間違いだったと思います。

――街頭で運動をする上で、イメージについて意識したり戦略について考えることはありますか。安保法制反対のときのＳＥＡＬＤｓは、スピーチがうまかったですよね。学生でも意見を言っていいという感じを出すことを意識して、運動の敷居を下げるスピーチをしていたと思います。

山本 スピーチするとき、自分の実体験を話すことは意識しました。抽象論で話すと気持ちが乗らないし、相手もそう感じるし。

――不幸な実体験を語ることについては、感傷的な消費で終わったり、逆にバッシングされたり冷笑的な反応を招くというリスクはないですか。エキタスの「金よこせ」というストレートな言葉がそれを乗り越える力を持っている、ということかもしれませんが。

齋藤 それ以前の反貧困運動は当事者よりも支援者が前に出る運動だったと思うのですが、エキタスは当事者の怒りを大事にしています。当事者は「不幸な個人」なのではなく、これは「われわれの不幸」だ、そして「こういう不幸はよくあるけれど、許せないよね」という共感の波が広がっていけばいいと、いつも考えています。

――個人的な不幸だと思わせないこと、「可哀そうな個人」がいるというイメージに回収させないこと。エキタスのスローガンはその力を持っていますね。

宮鍋 アメリカで労働運動を組織化するときに使われるコミュニティ・オーガナイジングの理論[9]では、自分の話から始めて、それを一般化して人々を巻き込んでゆくというスピーチの手法を採っています。それが理想形なんでしょうね。

――ところで、みなさんはどのような学生時代を過ごしましたか。学生時代、社会問題や社会運動への関心を深めるきっかけはありましたか。

のじま　国内外の政治問題や社会問題の報道で有名な雑誌の編集に関わり、最前線で活躍するジャーナリストやメディア関係者とつながっていました。

宮鍋　私はそういうことに全く関心がなく、レコードを聴いてギターが弾ければそれでいいかな、と思ってました（笑）。でも原発事故のとき、自分のバンドの常連のお客さんが、突然、反原発デモに片っ端から行き始めて、逮捕されるんじゃないかと心配して付き添いを始めたのがこうした運動にかかわるきっかけです（笑）。

――最近の市民運動には音楽関係者が多いと思うんですが、どうしてなんですか。

宮鍋　海外のロックはそういうことを取り上げていますから。でも、言葉のせいなのか、そういう文化が日本にはちゃんと入ってきておらず、政治的なメッセージと切り分けて聴いている人が多いと思います。レイジ・アゲインスト・ザ・マシーンって、二〇〇〇年に民主党大会の前に路上ライブをやったりと政治的なバンドなんですが、日本のリスナーはただ激しい音に反応しているだけですよね。

当事者の怒りをデモで訴える

――今年の一月、いつも市民運動に参加していたヒップホップのＥＣＤさんが亡くなられましたよね。

藤井 九〇年代からヒップホップのレジェンド的存在でしたが、二〇〇〇年代に反戦デモでサウンドカーに乗ったり、早くから活動していましたよね。九〇年代だと、スチャダラパーも社会風刺の歌詞がありました。

宮鍋 スチャダラパーは、反原発運動の最初期のあまり人が集まっていないときから官邸前に来ていましたよ。

山本 私の場合は、最初セックス・ピストルズに衝撃を受けて、「〝God Save the Queen〟って日本だったら天皇制⁉」って（笑）。そこからパンクを聞き、最近のバンドではレイジ……やレディオヘッドも政治的な活動をしていますよね。

――二〇一七年のイギリス総選挙のあと、労働党党首のジェレミー・コービンがグラストンベリー・フェスティバルの何千人という観衆の前で演説をしたというのは、カルチャーショックでした[10]。

山本 日本のバンドでも、ソウル・フラワー・ユニオンは政治的なことについて黙らないですよね。辺野古でフェスをやったりして。ニューエスト・モデルだった頃から社会への苛立ちのようなものがあったと思います。

藤井 アメリカでメロコアがブームだった頃、超人気バンドがいるレーベルにプロパガンディって政治的なことを言い続けているバンドがいて、メロコアとして聞いている分には自分も受け流していたかもしれないと思います。

宮鍋　メロコアバンドはハッピーなイメージだけど、反ブッシュのコンピレーション盤も出していました。あと最近では、レッド・ホット・チリ・ペッパーズがバーニー・サンダース支援のコンサートをしていましたね。

――最後に、大学生へのメッセージをお願いします。

藤井　自分がいつどうなるかはわからない。明日家族が病気になるかもしれないし、貧困に喘いでいる人は遠くの人じゃないということに気付いてほしい。それから、自分の可能性をこだけと決めないで、いろいろなことを見てほしい。

のじま　物事を簡単に信じないでください。多角的に物事を見ることが当たり前になるといいかな。それから、他者に寄り添えるようになること。

宮鍋　社会運動は面白いからやった方がいいですよ。面白くするかどうかはその人次第ですが。

山本　何も考えず、まずデモに参加してほしい。

齋藤　一回見てみると面白いですよ。

おわりに

デモや街宣の企画や運営など、もしかすると「ふつうの人」のすることではないと思われるかもしれない。もしそう思う人がいたら、ではどうやって生きることが「ふつうの人」として正しいのかについて、考えてみてほしい。まじめに学校に通って、四大を出て、大企業に就職して、家庭をつくって……、であろうか。しかし、そうした「ふつう」の人生を思い描いたとおりに歩むことのできる人はごく限られていて、いつどこに落とし穴が待ち受けているかはわからない。もちろん、「ふつう」の人生を初めからあきらめる必要はない。しかし、それとは少し違った生き方の可能性を思い描いてみてもよいと思うし、そして、同じように考えている人が身近にいるかもしれないと考えてみてほしい。そうすれば、そんな「ふつう」など、所詮は少し前の「ふつう」にしがみついているに過ぎないと思えてくるはずである。

もちろん、それに代わる新しい社会をつくり出すのは簡単なことではない。しかし、きっかけならいくらでもある。そのひとつが、「最低賃金を一五〇〇円に！」と叫ぶことである。一緒についていて来てくれる人は、まだ少ないかもしれない。しかし、古い「ふつう」が押しつけてくる基準に従うなど耐えられないと思っている人は既にたくさんいて、「最低賃金を一五〇〇円に！」と叫ぶという生き方は、少なくとも、そうした人々の存在について見て見ぬふりはしない、という生き方である。何も考えず、まずはデモに参加してみると、面白いですよ。

ＡＥＱＵＩＴＡＳ公式 Twitter アカウント：https://twitter.com/aequitas1500
ＡＥＱＵＩＴＡＳ公式 Tumblr アカウント：https://aequitas1500.tumblr.com/

注

1　カウンター活動とは、「在日特権を許さない市民の会」（在特会）など「行動する保守」を自称する人々が在日朝鮮人をターゲットに「死ね」「出ていけ」と叫ぶヘイトスピーチに対し、予告されたデモや街宣の現場に赴きその中止を訴える運動。

2　二〇一五年の安保法制反対運動とは、改憲をせずに集団的自衛権の行使を容認することを含む「平和安全法制」に反対する一連の運動。ＳＥＡＬＤｓ（シールズ）、安保法制に反対するママの会、安保法制に反対する学者の会、総がかり行動実行委員会など、様々な新しい組織が国会前を中心とする抗議活動を先導した。

3　首都圏青年ユニオンとは、二〇〇〇年に設立された個人加盟ユニオン。正規／非正規を問わず誰でも入れる若者のための労働組合で、様々な職場のトラブルの解決に尽力している。

4　生活保護バッシングとは、二〇一二年、芸能人の家族が生活保護を受給していたことを週刊誌が報道し、不正ではないにもかかわらず謝罪会見に追い込まれたことをきっかけに、テレビや雑誌でごくわずかの「不正受給」の事例がことさらクローズアップされるなど、生活の苦しい受給者たちを追い詰める報道がつづいたこと。

5　マーケット・バスケット方式とは、生活に必要な物やサービスの量を、たとえば穀類〇㎏、肉類〇ｇ、シャツ〇着、理容〇回等のように積み上げていき、最低生計費を試算するという調査方法。各地の労働組合がこの調査を実施し、日本全国どこに住んでいても最低賃金一五〇〇円以上でなければ「普通の暮らし」ができないことが、明らかになっている。

6 自立生活サポートセンター・もやいとは、二〇〇一年に設立された、ホームレスなどの自立支援を行っているNPO法人。湯浅誠、稲葉剛、大西連など、近年の反貧困運動の中心的人物が歴代の理事を務めている。

7 ワークルール教育とは、働くことに関するルール（法令、慣習、規範など）とこれを実現するための制度に関する教育のこと。現在、超党派の議員によるワークルール教育推進法の制定をめざす動きがある。

8 日本の労働組合には、日本労働組合総連合会（連合）、全国労働組合総連合（全労連）、全国労働組合連絡協議会（全労協）という三つの全国中央組織（ナショナルセンター）がある。それぞれの傘下に産業ごとの全国組織である産業別組合（産別）、さらにその下に企業別組合（単組）が組織されている。連合は旧民進党、全労連は共産党、全労協は社民党の支持を表明することが多い。

9 コミュニティ・オーガナイジングとは、一九四〇年代にアメリカのソウル・アリンスキーによって確立された、貧困層など弱い立場の住民の意見を政治に反映させるための手法である。市民の主張を顕在化させるため、関係性を作り、行動を起こし、組織をつくり、社会を変革してゆくという一連の方法を指す。

10 二〇一七年のイギリスの総選挙で、野党労働党は、与党保守党の単独過半数を阻止する予想外の健闘をみせた。とくに若者の多くが労働党に投票したことから「ユースクエイク」（若者の反乱）と言われ、その後、党首のコービンがフェスに登場することになった。

第2章

「権利主体」までの長い道のり
社会を変えるための実践に参加する前提条件

平塚眞樹

ある失敗

「社会を変えるための実践論」を始めた初年度（2011年度）、私はある失敗をした。自分の担当回のことである。私は、受講生に対して以下の問いかけを向けた。

ある時、自分たち生徒には事前の情報・相談なく、自分の高校が3年後に統廃合されると発表されたとします。高校生のあなたは、どうしたでしょうか？

1　納得いかないので、何かしら行動を起こすと思う。

2　（残念だが）行動を起こすのはためらうと思う。
3　人に誘われたら行動すると思う。
4　その他（具体的には？　　　　　　　　　　　）

私の担当回のテーマは「高校生の社会運動」。フランスにおける高校生の社会運動にふれながら、日本国内にもこんな高校生たちがいるのだよと、大阪府立高校の統廃合計画に立ち上がった高校生の反対運動を取りあげたいと思っていた。上記の問いは、その導入として投げかけたものである。

さて、学生の反応はどうだったか？　当初から「1」を選択する学生が多いとは思わなかったが、多くは2か3に該当するように思っていた。ところがあに図らんや、目立ったのは、「4その他」を選んだ学生たちであった。では「その他」の具体的内容はどのようなものか。少なからぬ受講生の共感を集めたのは、ある女子学生が口にした「自分には特に関係ない、どうでもいいと思ったと思う」という、半ば突き放した発言だった。

なるほど、そうか、なぜ自分はそういう選択肢を想定できなかったのかと、私は我に返って恥じ入る思いがした。自分にとっての高校が単なる通過点であったり、できればサッサと出ていきたい場であったりしたら、確かに1～3に答えはないだろう。裏を返せば、私の設けた1～3の選択肢は、自分の通う（通った）高校に何かしらの愛着や帰属感をもっているなど、暗黙の前提を有するものだったといえる。そして、「学校」に毎日通い、学んでいても、自分と「学校」との繋がりが感じられない生徒・学生たちの視点が欠けていた。

学生は大学の「権利主体」？

3年後、今度は少し違う立場に立った。

2013年度の初回授業時、私たち教員は受講生に「学校、親、周囲、社会に対して怒った経験はあるか。その時どういう行動に出たか?」という問いを投げかけた。これに対して、ある受講生は、「大学に入って授業に失望した。だから大学に来なくなった」と、印象深い応答を率直に返した。この発言に応えるように、第2回の授業を担当したある同僚は、こう問いかけた。「大学にとって学生は、お客さんなのか、それとも、大学構成員としての権利主体なのか?」と。

この同僚の問いに接し、私の中の何かが動いた。中高生だった頃の私が呼び起こされた、といった感覚に近いかもしれない。

簡単に言えば、「そりゃ理屈の上では『権利主体』なのでしょう。でも個人的にその実感はないし、権利主体と意識して行動しろと期待されるのは、はっきり言ってウザイ」といった内なる声が聞こえたのである。私は、中学、高校、そして大学の途中まで、そんな「さめた」若者だった（ことを思い出した）。ただ、当時でも内面は結構複雑で、ウザイと思う反面で、「理屈」と「実感」のギャップを、なにか割り切れない気持ちがあったのも事実である。

自分の高校の統廃合計画と聞いても「自分には特に関係ない」と感じることと、学生は大学の「権利主体」だと言われてもピンと来ないこと、これは詰まるところ同じことではないだろうか……私の問題意識は、そこに据えられた。つまり、「社会を変えるための実践」に、私たちはアプリオリに参加するとは限らないのである。3年前の授業で「関係ない」と発言した女子学生も、「さめた」中高生だった私も、自分の足もとの「社会」を変えるための実践からは多少なりと離れた、あるいは切れた場所にあった。そしておそらく少なからぬ子ども・若者が、今も同じような場で生きているのではなかろうか。「社会を変えるための実践論」に取り組むにあたり、私たちはまずその点に目を向けて、それはなぜか？　と考えることが必要ではないかと私は思った。そしてその現実を、どうすれば変えられるかを考えたいと思った。「変えるべき社会」は、まずもってそこにあるのかもしれないと。

実は、高校統廃合関係の問いかけで「関係ない」と発言をした女子学生（井上志鶴子さん）は、その後大学院に進学し、上記の問題関心を共有し、この授業づくりのパートナーになってくれた。そこで私たちは、もう一人、同じような割り切れない思いをもって大学に入学した学生（池田友里恵さん）も誘い、2013年度の本授業に臨むこととした。

題して、「権利主体までの長い道のり」。

私たちが言いたかったことは、人は生まれながらにして権利主体ではあるのだけど、生まれながらに権利を行使するわけではない。行為する権利主体になるには、子どもからおとなへの育ちのプロセスに、何かが必要なのではないか、ということである。私たちの社会は、果たしてその「何か」をすべての子どもや若者に保障しているだろうか。もし保障できていない現実があるとしたら、その「社会」をこそ変える必要がまずあるのではないか。

自分が権利主体だと思いますか？

2013年度の授業では、はじめに受講生全体に、いくつかの問いを投げた。自分が生きている場で自らを権利主体だと思っているか、生きている場に問題を感じることがあったか、その時に改善を求めて行動を起こしたか、といったことである。

その回答は、以下のようであった。

1　あなたは、自分の生きる場（社会や学校等）で、自分が権利主体だと感じていますか？

A　だいたいそう感じる	8（6・1％）	「感じる」派（45・0％）
B　どちらかといえばそう感じる	51（38・9％）	
C　どちらかといえばそう感じない	52（39・7％）	「感じない」派（54・2％）
D　ほとんどの場合そう感じない	19（14・5％）	

E　その他（よくわからない）　1（0・8％）

2　高校時代、学校のあり方に問題を感じたことがあるか・ないか？

A　ある　106（80・9％）

B　ない　25（19・1％）

3　大学入学後、大学（学部）のあり方に問題を感じたことがあるか・ないか？

A　ある　67（58・7％）

B　ない　47（41・2％）

4　その場で納得いかない状況があったとき、改善を求めて積極的行動を起こしていますか？

A　だいたいそうである　3（2・3％）

B　どちらかといえばそうである　29（22・1％）

「起こす」派（24・4％）

C　どちらかといえばそうでない　49（37・4％）

D　ほとんどの場合そうでない　49（37・4％）

「起こさない」派（74・8％）

E　その他（海外の大学への編入を考える）　1（0・8％）

この結果から浮かび上がるのは、自分の生活する場で自分が権利主体だと感じている人が半数弱、高校時代に学校のあり方に問題を感じた人は8割以上、問題を感じた時に何かしら改善に向けて動いてきた人は4人に1人程度ということである。ちなみに、本授業は本学部では必修でなく選択科目の一つであり、一風変わった名称のこの科目を受講する学生が、同年代、同学部の一般的平均的存在とは言えない可能性も高い。いずれにしても、受講生の間ではこういう結果であったということである。

なお、高校時代に感じた具体的な疑問や憤りとしては、意味がわからないルールや校則、納得がいかない成績評価、学校行事のあり方（体育祭の内容をすべて先生が決めること、高校の文化祭で準備を終えた当日朝に「教育的にダメ」となり、内容変更を迫られる。校長に抗議したが追い返されたことなど）、部活動のあり方（教員が部活を私物化など）などが挙げられている。総じて、生徒には理解・納得しづらい学校のあり方や、生徒の意見を受け入れない教員や学校のあり方への疑問があげられている。

なぜ行動を起こさないのか？

私たちの予想通り、権利主体と感じているが＋必ずしも行動化していない人、そして、そう感じておらず＋行動化していない人は、少なからずいた。前者の人は、権利主体と感じている人の約半分にあたり、後者の人は全体の半数あまりを占める。4人に3人が、疑問や憤りがあっても、行動を起こしていないと答えている。授業者の私たちは、さらに受講生自身もこの現実に目を向け、依拠して考える必要があるだろう。

問題は、なぜ行動を起こさないのかである。

以下二つの素材をみてみたい。一つは、受講生の声である。先のアンケートで直接尋ねたわけではないが、別の回や前年度に類似した内容で受講生に尋ねた際の回答から、行動化しない理由を整理してみると、およそ以下のようになる。

- 言ってみたことはあるが、ダメだったので、我慢する。
- 我慢することを学ぶことも大事。
- さらにストレスがたまるので、行動は起こさない。
- 今は勉強して知識をつけることが大事。
- 親や学校は強い権限をもっているので、行動を起こせない。
- 「上の人」たちとたたかう勇気がない。
- 学校や社会は、変えられるものではない。

ここには、おとなになるまでは権利行使より我慢や知識を学ぶ存在であるとの自己認識や、力をもつ親・学校・「上の人」と非力な自分という関係性の認識、また、負の学習経験を経て醸成された、行動しても変えられないという社会認識などが示されている。

参加に向けたマイナスの学習経験

もう一つの素材は、授業づくりのパートナー2人の「手記」である。授業づくりに参加しながら、彼女たちは、もと「行動しない」層として、そうであった背景を、以下のように綴った。そこにはそれぞれの育ちの過程や環境が、「社会を変える実践」に参加する主体を形成するどころか、参加への「マイナス」志向をつくり出す経過が、表されている。

〈井上志鶴子さんの手記〉

権利主体、社会に対し自分の意志のもとに責任を持って何事かをなそうとする主体になれと言われると、私に要求する前に、社会は私に何をしてくれたのと言いたくなる。

中学校時代、私の学年は3学年の中で一番荒れていると言われており、教師たちは常にピリピリしていた。その緊張感は中学2年生の修学旅行時にピークを迎える。少なくない生徒たちが旅行で禁止されていた菓子類等を持ち込んでいたことが発覚し、緊急学年集会が開かれた。その最中、ある生徒が笑っていることに怒り心頭した教師が、その生徒が失神するまで暴行を加えるという事件が起こる。修学旅行が終わってからこのことは大きな問題となった。これは体罰という形で目に見えやすくなったものであるが、こうした教師たちの暴力性を含んだ言葉や態度は、日頃から多かれ少なかれ存在しているものであった。教師たちは疲れた顔をしていることが多かった。生き生きと夢を語ったり、ああなりたいと憧れを抱くような大人も、私には見当たらなかった。その頃から教師を信頼することも、憎むことも、期待もしなくなった。家は嫌いではなかったし、友だちといればそれなりに楽しいいし、別に学校は面白くなかったけれど通っていた。他に行く場所もないし、学校なんてそんなもん、大人なんてそんなもんだと思っていた。今から思えば、教師も学校も大人の中の一握り、色々な社会の中の一つだけど、その時の私には学校と家が世界のすべてだった。

生まれてきたことや、学校に行くこと、生活すること、全部受け身で、受け身であることに自覚はなかった。私にとってニュースで流れるような社会の出来事は遠いもので、想像できる「社会」は極めて曖昧であり、政治や社会システムはよくわからないもの、かつ、わかりたくもないものであった。だから20歳になって選挙権が与えられたとき、戸惑った。政治のことなんかよくわからないのに、自分の意志を責任を持って判断し投票する権利が与えられてしまったことへの不安があった。そして、それなりに考えて投票したとしても、自分の一票があってもなくても社会は変わらないだろうという、ぬぐいきれない無力感とあきらめもあった。もともとある大きな筋立ての中で、何をどう選択してもシナリオは変わらないだろうなぁと。この無力感とあきらめは、私を激しく絶望させるわけでもなく、いつの頃からか空気のように漂いながら実感の奥に入り込んでいた。

そう考えるのは、自分がたいした存在ではないとわかっているから。わかっていると思っているから。学校での成績や、見た目、同級生との関係の中でのキャラクターなどが、全てではないにせよ、友だちや教師との関係性の大きな下地にあって、その狭い世界の相対的な位置づけが、自己認識の大部分を規定していた。私はできないことが人よりもとても多かったけれど、そのことでいじめられたり、親から怒られたりすることはなかった。なんとなく自分はできない子だなと思っていたし、自信もなかった。自分を否定することは少なかったが、肯定できることもなかった。どこかで自分そのものを受け入れて欲しいと望んでいたけど、自分そのものというのがどんなものか自分にもわからなかった。自分の存在に対しての安心感がない。自分が他人の評価や、自分自身からも距離をとって、自分を見つめる、自分が立っている世界を見つめてみる、そんな機会がなかった。

教師と学校への失望感はそのまま社会に対する期待のなさになり、その世界であまり信頼されず大事にされない私自身もまた、存在価値の希薄な存在としてあった。社会への安心感や信頼のなさと、自分自身に対する安心感と信頼のなさは表裏一体であった。できないことがあっても、役に立たなくても、私がただいるということを誰が祝福してくれるだろうか。今まで本当に私の力を信じて、何かを託されたり、大切にされたりしたことがあるだろうか。存在の根底に常に無力な状態を感じざるをえないのに、文言の上で力を持った責任ある主体であれと言われても、自己を無力化する責任主体は成立しない。

〈池田友里恵さんの手記〉

大学入学以前の学校生活について知人に聞いてみると、その十人十色ぶりにいつも驚かされます。もちろん、全員がリア充というわけではありません。むしろ百人に聞けば百通りの興奮や葛藤といった、ほろ苦い人間ドラマがあるのです。

私にも、いま思えばほろ苦い思い出があります。しかし、その当時はほろ苦いなんて全然思っていませんでした。もっと過酷で八方ふさがりの息苦しさが、いつも隣にありました。その息苦しさから、高校を卒業するときに私は「大学ではもっとイキイキしたいもんだな」と思っていました。そして、大学生活にもう一度自分と出会い直し、さらにこの社会に生きる人間のひとりとしてモノを考え行動するようになりました。つまり大学に入ったときは「マイナス」だったのが、卒業するときには「プラス」になっていました。今回は、高校時代までに構築してきた「マイナス」を私がどのように「プラス」へと転換していったのかを、高校時代から大学生活までを振り返りながら書いていきたいと思います。

私が高校時代まで自分を受け入れられずにいたのは、端的に言えば人との出会い、とりわけ私をありのまま受け入れてくれる人との出会いが少なかったからでした。たとえば、私は昔から女なのに「女らしさ」をあまり持っていません。ところが、学校生活において「男らしさ、女らしさ」を問われる場面はかなり頻繁にあります。ふつうは気付かなくても、「持っていない」人間は敏感であり、「持っている」人間は鈍感です。鈍感な大人、つまり先生（プラス親）は、私に9年間にわたって丁寧に「改善策」を教えてくれました。が、それが、結局のところじわじわと私を疲弊させていくことになりました。わかる人にはわかるのですが、この「改善策」を説かれたときのダメージの大きさといったらないのです。「私は変わらなければいけない、でもたぶん変われない」ということを明確に思い知らされるからです。私はいつしか、自分の意見はおろか、自分の声で名前を言うことすらためらうようになりました。また馬鹿にされるんじゃないかと考えるたび、喉がキュッと締め付けられて声が出ない。ときどき、そういう状態になりました。当時の私は、誰もが簡単にクリアするはずの「第一問目」で躓いたと感じていました。その挫折感と圧迫感から、明日生きていることも辛いと考え始めました。どうすれば自分を好きになれるんだろう。そういうことは誰も教えてくれない。それなら学校に行く意味がない。というか、もう学校に行ってる場合じゃない。そう思ってからはちょくちょく学校をさぼっては図書館やら河川敷やら部室に通う日々でしたが、そうやって逃げているだけでは、マイナスはマイナスのまま。高校を卒業した私は、極度に他人の評価を恐れ、何より先に自己否定から入るという悪いクセを持ち、自分の言葉をほとんど世に発しない人間に育っていました。権利主体なんてとんでもない。まずは自己の回復をしなければという状態でした。

人は、その育ちの過程でさまざまなことを経験し学習する。受講生や2人の手記を通して浮かび上がるのは、その経験・学習を通して、「社会を変えるための実践」に参加しない主体もまた形成されうるということである。

シティズンシップ教育

ここで少し目を転じてみよう。教育の世界には「市民性教育」あるいは「シティズンシップ教育」と呼ばれる活動がある。とりわけ1990年代以降に欧米諸国やその後日本でも注目されるようになっている。同じように近年目にすることが多い「キャリア教育」が、その本来的含意より狭く「仕事」の世界で生きるための準備教育と含意されることが多いのに対比すれば、「シティズンシップ教育」は「市民」として生きるための準備教育ということになるかもしれない。たとえば経済産業省のもとに設置された「シティズンシップ教育と経済社会での人々の活躍についての研究会報告書」では、以下のように定義されている。

「市民一人ひとりが、社会の一員として、地域や社会での課題を見つけ、その解決やサービス提供に関わることによって、急速に変革する社会の中でも、自分を守ると同時に他者との適切な関係を築き、職に就いて豊かな生活を送り、個性を発揮し、自己実現を行い、さらによりよい社会づくりに参加・貢献するために必要な能力」を「市民一人ひとりが身に付けることを目標にした教育」[1]

近年シティズンシップ教育が台頭し、各国で施策化・実践化してきた背景には、さまざまな意味での社会の変容により、それまでの教育による社会や国民統合が困難化してきた経過がある。裏返せば、多様性や複雑性を有する現代社会を生きる市民性の獲得が、これからの社会と人間に必要であると考えられるようになってきたわけである。本稿では詳述できないが、シティズンシップ教育の実践にはこれからの教育や学校を展望する上で重要な視点も多くある。例えば、ドイツにおける「政治教育」では、実際の政治論争・対立に関する教室内での議論を重視しており、それがドイツにおける原発政策の意思決定の裾野の一つになっていること、あるいはイギリスでシティズンシップ教育を中等教育カリキュラムに導入する際に大きな役割を果たした「クリック・レポート」（１９９８年）では、政治・社会の制度の仕組みの学習に留まらず、政治的リテラシーの学習を通じた、争点や対立を解決するスキルの獲得が重視されている点など、さらに関心を向ける価値があるだろう。

今更という感じだが、この「社会を変えるための実践論」も、法政大学・社会学部版「シティズンシップ教育」実践といえるかもしれない。ただしここまでの議論を踏まえて述べれば、「よりよい社会づくりに参加・貢献するために必要な能力」を身につけるには、その学習に入る前提として、「社会」と「自分」のつながりが認識できていることが必要なはずである。しかしながら、日本の多くの子ども・若者は、その前提条件を欠いている、というか皮肉なことに教育や学習の過程で前提条件を欠いていく可能性がある。社会と自分のつながり、自分が社会の一員であるとの認識を欠いたまま引っ張り込まれるシティズンシップ教育は、積極的行動の規範化や押しつけにも転じる可能性がある。

マイナスをプラスにする場

社会を変えるための実践に参加するための前提条件は、どのように準備されるのだろうか。ここでもう一度、授業づくりのパートナー2名の手記後半を通して考えたい。

「マイナス」を抱えて法政大学社会学部に入学した2人は、いつか「社会を変えるための実践」につながりある存在へと変容し、卒業時、井上さんはどんな若者でも伸びやかに生きていける社会をつくるため、もう少し勉強したいと大学院に進学し、池田さんは、かつての自分のような子どもたちの居場所づくりをいずれ始めるための勉強がしたいと、東北で農業の仕事に就いた。彼女たちは共通して、大学生としての時間と経験を通じて、じょじょにマイナスがプラスへと転じていったという。いったい何がその変化をもたらしたのか。

〈井上志鶴子さんの手記〉

私は大学に来て色々な出会いがあったが、一番新鮮であったのは切実な大人たちの生き様であったように思う。人生を懸けて本気で社会の不正義に向き合う大人たちを目の当たりにしたのは初めてであった。大人と一緒に真剣に生きることを考えたり、心から「ありがとう」と言われたことも初めてだった。最初はびっくりと嬉しさの連続で、何度も何度もそうしたことを体験する間に、思いをかけてもらう、大切にされるってこういうことなんだなと実感していった。私は教師に期待なんかしていないと思っていたけれど、本当はとても期待していたんだ、大事にされたかったのだと気づいた時は、何か強張っていたものがほぐれていく感じがした。それと同時に私を大事にしてくれる先生たちは何を見ているんだろうと、少しずつ知らない世界を見てみようと思った。知っていくほど世界は複雑で不公平で、私はまた無力の中に突き落とされたが、以前の時の漠然とした無力感とは違うような気がした。具体的な困難の中で実際に苦闘しながらもあきらめない人々と出会ううちに、私は無力でいたくないと強く望むようになった。しかし絶対的に大きな社会と個人という関係性を前にして、無力感やあきらめの気持ちはやはり常にそばにある。今でも自分が好きではないし肯定もできないが、自分が大切にしたいと思うことには納得できるし、何かしたいと思えるようになった自分を応援できるようになった。

権利とは、ある時ある瞬間に外部から付与されて行使できるものではない。意味もわからず生まれてきてしまった不条理な命は、自分以外の誰かから尊ばれ慈しまれることによって、ゆっくりと自分の存在をかみしめていく。この世界が自分にとって生きるに値するものでなければ、いつまでたっても世界の中に「私」は生まれることはない。自分の中に自分を大切にできる「私」が生まれる過程で、ようやく「自分」とそれに対する「世界」が輪郭を持ちはじめる。自分の中に世界が広がり、世界の中で自分を意識する。世界と自分がともにあろうと思えるような双方への信頼、それが権利主体なのではないか。

〈池田友里恵さんの手記〉

大学入学後は、とにかく自分を「死なせない」ために、まず「世の中にはいろんな人がいる（だから、自分もいていい）」ということを全身で感じる必要がありました。そのため、大学の授業以外に学外のボランティア活動に積極的に参加しました。このボランティアセンターの職員との出会いによって、ボランティア先での出会いが生まれていくことになりました。未熟な自分のままでとにかく誰かと出会いたいなんて、結構相手にとっては面倒で迷惑だったかもしれません。しかし、職員の方は私にボランティア先を快く紹介してくれ、紹介先でもたくさんの人が私を受け入れてくれました。ボランティア活動という一方的な響きからは想像できないほど、支援する／される関係性を飛び越えて、ともに笑い、悩みました。

また、さまざまな世界に入っていくうちに少しずつ、人のなかにいる自分の存在を意識するようになりました。だんだんと活動のなかで役割を持つようになり、人に名前を呼ばれるようになり、また、私もたくさんの人に声をかける（かけなければいけない）ようになりました。するとだんだん、前のように自分を「生きている価値などない」とか責めている場合ではなくなってきました。私にとって、人と出会い、関わるというのは、そういうことでした。ボランティア活動のなかでさまざまな困難を抱える当事者やその世界と出会い、支援者と出会うなかで、自分自身とも出会い直していくことになりました。

また、同時に仲間も増えました。年齢を問わず世の中の不条理や自分自身と向き合う、あるいは闘う人たちにたくさん出会い、語り合いました。本気で語り、また私の言葉を真剣に聴いてくれる、あるいは待ってくれる人の存在は、高校時代までの「誰もいない」感じとはかけ離れていて、衝撃的ですらありました。社会学部では「世間の常識を問う」ことがフツウだと思いますが、その環境も私にとってはありがたかった。それまで私の感じていた、普通に生きることがどれだけ大変かということを、社会学部の仲間とは共有することができたからです。大学時代の出会いとその出会い方は、幸運なことに、私にとって完璧だったというほかありません。自分は自分でよかったのだと、時間をかけてゆっくりとその感じを知ることができたからです。

その後も大学周辺地域でボランティア活動を継続していましたが、大学4年生への進級を控えた3月に東日本大震災が起きました。私はこの年に何度か福島を訪れました。個人的にボランティア活動に参加するとともに、ゼミ活動においても福島をフィールドにすることとなり、現地の学校で先生や子ども・若者たちと話す機会も得ました。そこで私は、大学生というポジションで何を学び、どう行動するかを問われているように感じました。子どもではないが大人でもない、研究や仕事で貢献できるわけでもない、若者のひとりとして何ができるのか。実際、福島で出会った人の苦しみは私には到底わからないと思いました。また、簡単にわかってしまってもいけないと思いました。当事者の本当の気持ちは、わからない。それは震災前のボランティア活動でも感じていたことでした。それでも、一緒にいて考え続けることに希望を見出したいと思いました。いくら被災地に通っても東京にいれば「こちら側の人間」という境界を越えることはありません。私はもっと当事者の側に立つことはできないものかと考えました。

考えた末に、私は4年次前半の半年間を休学し、福島県の会津地域にて、浜通りから避難している子どもの放課後活動の支援等を行ってきました。住むところもないまま、なぜそのような行動をとったのかといえば、それは自分のなかにさまざまな「積み重ね」があったからだといえます。たとえば、ボランティア活動を通して「地域に入っていく」ことへの良いイメージを持っていたこと。また、「自分を他者に開いていく」ことが、たとえ迷惑をかけることであったとしても、何らかの良い刺激を互いに与えうるはずだという自信です。実家でもアパートでもなく、地域のなかに自分の居場所があるということ。自分の子どもではないけれど、かれらの成長を見守り、一緒に成長できるということ。学内の友人とだけでなく、地域の大人と一緒にお酒を飲み語らえること。そういう心地よい経験の積み重ねがあったから、福島に行こう、きっとそこでも地域に入ってやれることがあるだろうと思いました。

そんなこんなで、大学生活が終わるころには、自分自身も驚くほどにイキイキ感を取り戻し、また社会のなかで生きる感覚をつかんだように思います。私の大学生活、または自分を取り戻す過程は、授業やサークル、アルバイトだけでは成立しませんでした。大学と地域とを行き来するなかに、私の大学生活はありました。すごいリーダーシップをとって大学の仲間とでっかいことやってキャンパスライフ満喫したぞという事例ではないけれど、多くの大人に見守られ、ときに試されながら生きてきた5年間、大学という場は私にとって、「マイナス」を「プラス」に転換させてくれた場でした。

行為する権利主体への条件と環境

2人の手記から読み取れること。その一つは、「受け入れられる」経験の意味であろう。I was born と受動態で表さざるを得ないように、人の生命は主体的にではなく他から付与されて誕生する。その根源的受動性を、人は育ちのどこかで転換し、生への主体性を獲得していくわけだが、そのためにはまずもって、その生命が周囲の人々や社会に受け入れられ、尊ばれる必要がある、受け入れられることで初めて、人は大切にされる自己と大切にしてくれる社会の双方への信頼を形成する。[2] これはしばしば「基本的信頼」とも呼ばれ、例えばイギリスの社会学者A・ギデンズは以下のように説明している。

「（基本的信頼は）他者・事物・世界、自己アイデンティティに対する情緒的・認知的方向性のもととなる、根元的な結びつきを形成する。基本的信頼を経験することは、エルンスト・ブロッホが語る『希望』の中核であり、ティリッヒが『生きる勇気』と呼ぶものの根元にある」[3]

このように、自己と社会への信頼を介して、自分を大切にしてくれた社会を大切に思う心情が生まれ、自分がその社会の一員であるとの認識が生まれることで、人は初めて自らをその場の権利主体であると思えるようになるのではなかろうか。

第二に、「具体的な困難の中で実際に苦闘しながらもあきらめない人々」、「年齢を問わず世の中の不条理や自分自身と向き合う、あるいは闘う人たち」と表現されているように、社会と格闘しながら生きる人々や場との人格的出会いと関わりに2人とも言及している。ここで綴られている内容は、「状況に埋め込まれた学習論 Situated Learning theory」や「正統的周辺参加論 legitimate peripheral participation（LPP）」[4]と呼ばれる認知科学に基礎をおく近年の学習理論を想起するものである。LPP論を提示したレイヴとヴェンガーは、「心的構造は社会的状況のなかで発達する」[5]と述べ、学習とは、個々人の頭の中ではなく、生きた社会の生成的な状況や文脈への参加の過程でこそ、相互作用的に生み出されるとした。ウェンガーはのちに実践の共同体（Community of Practice）論[6]も詳述し、「関心や問題、熱意などを共有し、その分野の知識や技能を持続的な相互交流を通じて深めていく人々の集団」＝実践共同体こそが、学習を生み出していく有効な環境であると示した。[7]

社会で格闘しながら生きる人々との出会いは、抽象化された社会への関わりのきっかけになると同時に、その関係そのものが社会参加や社会変革を学ぶ重要な環境ともなる。何より、「苦闘しながらもあきらめない人々と出会ううちに、私は無力でいたくないと強く望むようになった」とあるように、そうした人々や場との共感的な出会いが、学習や成長、参加への意欲を促す。そして、「地域の大人と一緒にお酒を飲み語らえること。そういう心地よい経験の積み重ねがあったから、福島に行こう、きっとそこでも地域に入ってやれることがあるだろうと思いました」とあるように、「実践共同体」での経験が、次なる挑戦や勇気を下支えする。Active Citizenship（積極的市民性）は、まさにこのような環境とプロセスを媒介して、形成されるのだろう。

少なくとも2人にとっては、自己と社会への基本的信頼を育む受け入れられる経験と、社会と格闘しながら生きる人々の実践共同体への関わりが、「マイナス」を「プラス」へと転じる媒介項になっていたと言えるだろう。

おわりに

「社会を変えるための実践」に、私たちはアプリオリに参加するとは限らない。本章で述べたかったのは、人が行為する権利主体、すなわち「市民になる」ためには、それを可能にする条件や環境がその育ちの過程にあったのか、社会の側にも目を向ける必要があるということである。少なくとも受講生の4人に3人程度は、その環境が十分あったとはいえない可能性があり、2人の手記が示したのは、育ちの過程で「マイナス」を抱え込む可能性すらあることであった。

　こうした授業を実施する私たちに求められるのは、学生たちがこの大学、この学部にまずもって受け入れられ、自分たちがこの場の権利主体であると認識できる環境をつくることができているか？　という視点ではないだろうか。また、この大学・学部での学習や生活を通して、学生たちが社会を変えるための実践共同体と豊かに交われる環境を準備できているか？　という視点でもあろう。子ども・若者の育成環境、大学のあり方こそが問われている。

　この授業そのものが、そうした環境の一部になれたらと願う。環境を準備するといっても、ここは大学。準備する主体は教員だけではない。学生たちと共に、そんな授業の場をつくる責任を分かち合いたい。

注

1　経済産業省「シティズンシップ教育と経済社会での人々の活躍についての研究会報告書」2007年、9頁。
2　信頼と不信の形成については、平塚眞樹「次代をひらくシティズンの形成」佐藤洋作・平塚眞樹編『ニート・フリーターと学力』（明石書店、2005年）で詳述した。
3　Anthony Giddens(1991), *Modernity and Self-Identity: Self and Society in the Late Modern Age*, Policy Press.（アンソニー・ギデンズ著、秋吉美都他訳『モダニティと自己アイデンティティ』ハーベスト

社、2005年。)

4 Jean Lave and Etienne Wenger(1991), *Situated learning: legitimate peripheral participation*, Cambridge University Press.(ジーン・レイヴ、エティエンヌ・ヴェンガー著、佐伯胖訳『状況に埋め込まれた学習――正統的周辺参加論』産業図書、1993年。)

5 同上書、序文。

6 E.Wenger, R.Mcdermott and W.M.Synder (2002), *Cultivating Communities of Practice*, Harvard Business School Press.(エティエンヌ・ヴェンガー他著、野村菱彦監修『コミュニティ・オブ・プラクティス』翔泳社、2002年。)

7 参加としての学習論については、平塚眞樹「若年移行期の変容とコンピテンシー・教育・社会関係資本」、本田由紀編『転換期の労働と〈能力〉』(大月書店、2010年)で詳述した。

第3章
一揆を通して社会運動を考える

田中優子

はじめに

人が社会に関わるとは、どういうことなのか?　新聞を読まない、ニュースを見ない、バラエティ番組の話しかできない、と言われる学生たちにとって、この世界は一体どのように見えるのだろう。あるいは、かつて、社会に対峙してこそ大学生、と考えていた時代の学生たちは、彼らにどう映るのだろうか?　この講義は全体として、「社会への関わり方」や、「なぜ関わることになるのか」や、「どう関わるか」を主旨にしているわけだが、私の講義はその中で、「運動」と言われるものをめぐっておこなわれた。社会運動は、選挙制度内部ではなかなかできない、少数者の主張を可能にする。それを通して、多様な生活と事情とありようを私たちは知ることになり、多様性（ダイバーシティ）に価値を置く社会の構築が可能になる。この民主主義の制度が整っている国で、人はなぜデモをするのかといえば、まさにその多様性社会の実現のためである。

社会に訴え、政治を動かそうとする仕組みは、さまざま整備されてきた。戦後には女性参政権も生まれた。小選挙区制で弱くなったとはいえ、常に複数の政党がある。そうであるなら議会で議論を尽くし何事も決めればよいわけだが、そうはいかない。思うに、間接的な多数決という制度に欠陥があるからだ。多数決と多様性とは矛盾する。そこに社会運動の意味がある。

社会運動にはさまざまな活動形態がある。集会、演説、議論の場の設定、署名、デモ、交渉活動、救援活動、選挙運動、新聞雑誌の発刊、ＨＰの立ち上げ、そしてそれらの混合などだ。民主主義国家にだけあるのではなく、過去にもさまざまなところでおこなわれてきた。日本には農民一揆があった。現代の運動を考えるために、ここでは一揆と比較しながら、何が現代の運動の問題点か考える。重要な点が二つある。一つは「権利」をどう考えるか、もう一つは「効果」をどう考えるか、である。

権利、とりわけ人権という概念は江戸時代にはない。権利があったから一揆がおこなわれたわけではない。必要であったからおこなわれたのだ。法治国家において一揆をする権利をもたない者が一揆をするとどうなるかというと、そのこと自体が違法となり罰せられる。一揆の首謀者が明確になれば打ち首となった。そこで、首謀者がわからないような仕組みが確立されていく。一方、現代社会は表現の自由という権利があるので、集会やデモをしただけで罰せられるわけではない。しかし権利という考え方は「平等な権利」のことであるから、集会やデモが他者の権利を侵害すると違法性を帯びる。人が仕事をする、勉学をする、平静な気持ちで生きるなどの日常を侵害されたのなら、それは「平等な権利」に反する。現代の集会やデモは言葉をともなうので、そこに拡声器による騒音、憎悪表現、差別表現、暴力、業務妨害などが生じる可能性があり、それが運動のひとつの問題となり、違法な活動になる場合がある。

また、運動には「何が有効か」という効果の問題がついてまわる。一揆においては、交渉相手は常にはっきりしている。特定の庄屋（名主）、商人、藩主、代官などである。一揆の隊列はそこに行くまでの移動であって、デモではない。ただし、おおぜいの人間を集める方が交渉には効果的であるから、多くの村を巻き込んでいくことがあり、隊列が通っていることを示すために農具を叩いて音を発した。また、そもそも違法行為であるから実行者の顔がわからないよう、簑を着て深く笠をかぶった。要求事項はすでに知られているのでシュプレヒコールは不要である。目的の場所に到着して初めて要求事項を読み上げる。

一方、現代のデモは直接の要求が目的ではない。選挙の流れを作ることや、政治家あるいは何らかの組織が方針を変えるための情宣が目的である。それで旗やボードを掲げたり拡声器でシュプレヒコールを上げたり、車から声を出したり、ブログを立ち上げたり、マスコミを呼んだりする。暴力的な騒ぎを起こして注目を浴びようとする人々も出現する。歩いている投票者やメディアの向こうにいる人々に訴え、巻き込もうとする活動であることが多い。

現代の社会運動とテロリズムが混同される場合がある。現代の学生はデモを「怖い」と言う。それはデモがどこかにテロル（恐怖）を与える表現をもっているからかも知れない。大声を出す、批判的である、多くの人数が集まる、無秩序を予感させる、などである。しかし、社会運動とテロリズムは正反対の目的をもつ。社会運動は多様性を目的に、あることを社会に定着させ、政治政策に反映させようとするものだ。たとえば夫婦別姓や同性婚の法制化、選挙制度の改正、貧富の格差を縮めるための税制など、おこなわれていないことを、おこなうように方向づけることである。

社会運動の中にはもちろん、おこなっていることをやめさせる運動もある。原子力発電所の存続を中止させる運動などである。しかし加えるにせよ中止するにせよ、そこに「調整」と「革新」という要素をともなうのが、社会運動のあるべき姿だ。たとえば脱原発運動には必ずエネルギーの新しい仕組みを提案する活動が入っている。それは、脱原発運動が新しい社会に向かうオルタナティブの提案であって、破壊の提案ではないからである。

一方テロルとは恐怖政治のことだ。これは調整でも多様性への道でもなく、逆に切り捨てと排除の道である。調整と多様性を目標とする組織は外部へ開かれた組織であり、組織としての存続にこだわらない。目標の実現が最優先で、組織は二の次なのだ。テロリズム組織は、組織の結束が最優先に置かれ、そのために激しい批判で外部を排斥し、新しいメンバーが確保できると手放そうとせず、結束を邪魔する者は排除する。新興宗教集団とテロ集団は類似点が多々あり、親和的である。

テロリズムは国家がおこなうこともあり、運動体がおこなうこともある。多様性を目的にしているか排除を目的にしているかは大きな違いなので、おおかた区別はできる。ただし、安定した強い権力に対して人数の力で驚異つまり恐怖（テロル）を感じさせることなしには、問題に取り上げられない場合がある。そのような「気づかせるためのテロ」が存在し、実際に組織や社会（世界）はその存在に気づく。しかしそれが何らかの効果をもたらすかといえば、そうなってはいない。それは、テロの主体が、相手にとって必要な存在であれば効果があり、不要な存在であれば単に無視あるいは殲滅対象になるだけだからだ。

農民一揆は、要求の相手に対しては大人数をもって驚異を与える（ただし武器はもっていない）、という意味で、当事者にとってテロ的な存在だったであろう。なぜ逮捕覚悟でそのような一揆を起こしたかと言えば、効果があったからだった。農民は人口の八割を占める生産と経済活動の主体であり、彼ら無しでは藩も幕府も成り立たなかった。無視し続けるなら、生産の空洞化と社会の崩壊が待っていたのである。

ヘイトスピーチの類の暴言や嫌がらせ行動をともなったテロ的な社会運動は多くの場合、自分たちが社会に必要とされているかどうかの見極めがないまま始められ、知識より盲信を優先し、社会の同意を得られないでつぶれる。現代の社会運動は社会の賛同が大きな支えとなる。それだけに、知識の蓄積による社会分析と調整能力と多様な価値観を受け容れる姿勢が必要で、それは大学という教育現場で学ぶに相応しいテーマである。

このように、社会運動のもついくつかの面を講義したのだが、実例として１９６０年代後半の学生運動を取り上げた。１９７０年、学生運動は岐路に至る。その岐路こそ、社会運動とテロを分ける岐路であった。

大学と社会

「社会を変えるための実践論」で、私は２本の古いビデオテープを見てもらった。１本目は『ＮＨＫスペシャル　戦後50年その時日本は　第７巻・大学紛争「東大全共闘・26年後の証言」』（ＮＨＫ）、２本目は『現代日本の歩み　社会編８・全共闘』（朝日新聞社・ＮＨＫソフトウエア企画）である。

『ＮＨＫスペシャル　戦後50年その時日本は』では、全共闘運動がなぜ起こったのかを、東大の事例で取材している。幾人かの証言者の証言や残されたノートなどから、きっかけは教授会の誤認処分であったこと、背景として、急激にマンモス化した大学に教授方法が追いつかなかったこと、授業内容が現実の社会（世界）を理解するには役に立たなかったことが、述べられている。

『現代日本の歩み』では、全共闘運動が欧米各国で起こった学生運動の一環であったこと、戦争がグローバル化するに従って、運動がグローバル化したことを伝えている。また、こちらのビデオでは日大闘争に取材しているので、その事例を使い、大学の経理上の不正があったことと、学生の急増を背景に私立大学が市場経済に巻き込まれたことを伝えた。

まず注目すべきこととして、1955年に7・9％（女性2・4％）だった四年制大学進学率が、1965年には12・8％（女性4・6％）になり、1970年には17・1％（女性6・5％）になったことが挙げられる。進学率が50％を超えている日本の現状や、90％を超えている国まで存在する今日からは考えられない数字だが、これでも戦後の急激な人口増加と、倍増していく進学率に、大学の仕組みは追いつかなかったのだ。マスプロ教育という言葉が出現し、大教室での講義が多くの大学でおこなわれた。

その状況下で、それでも大学に進学する13－17％の若者たちにとって、その後を生きていく上でいかに大学に期待し、大学生活の「中身」を重要視していたか想像する必要がある。しかし社会全体で起こっていたことは、高度経済成長であり、それが牽引した団塊の世代の激しい競争だった。期待が大きいだけに、大学では「大事なものを得られなかった」と考えた者が多かった。

戦後日本社会は、先進的な憲法をもつ新しい民主主義国家だった。戦後に生まれた学生たちは、アメリカの繁栄を横目で見ながらその戦後民主主義によって教育された。そのアメリカがなぜベトナムで戦争をしているのか、なぜ朝鮮半島は分断されているのか、中国の文化大革命の内部で何が起こっているのか、共産主義国ソ連は、なぜチェコに侵略するのか、その全体に日本はどう関わっているのか――情報は世界から送られてきて、知りたいことは山とあるのだが、なぜ学校ではそれを教えないのか？　なぜ多くの大学、とりわけ国立大学の教授たちは、日本のベトナム戦争への加担、沖縄返還問題、米国やソ連などの大国が小国を呑み込んで行く矛盾に言及することができず、高度経済成長路線に沿った教育しかできないのか？　それらの疑問を抱えていたのである。

このことを年代順に追ってみる。教室では年表やデータ資料を配付した。その年表は実際に1970年に大学に入った私自身の脳裏に刻まれた年表である。これらの出来事の前に、朝鮮戦争、水俣病発生、高度経済成長、原子力発電開始、東京オリンピック開催がある。つまり大学における全共闘運動とは、大学の「中で」おこなわれたものではなく、大学生が「中から」外の社会に問う運動であった。また、「社会から」大学の存在を問うことだった。大学教育の是非を問題にしていたのではなく、社会と対峙しない大学の存在のありように疑問を抱いたのである。年表（つまり意識）では、社会（世界）での出来事と大学での出来事が同列に並べられている。

1965年　ベトナム戦争・北爆開始。ベトナムに平和を！市民連合（ベ平連）結成。

1966年7月　農民による三里塚芝山連合空港反対同盟が発足。

1968年1月　ベトナム戦争で働く原子力空母エンタープライズが佐世保に入港。2月、米

1968年3月　軍王子野戦病院設置反対運動。東大で医学部インターンの誤認処分がある。6月、医学部が安田講堂を占拠。それに対し、大学は機動隊1200人を構内に入れる。機動隊導入に抗議して法学部を除く全学部が加わり、7月にバリケード封鎖、山本義隆を議長として東大全共闘が結成された。

1968年5月　日大で東京国税局の家宅捜索により22億円の使途不明金が発覚。23日にデモ、27日に秋田明大を議長として日大全共闘が結成される。9月30日に学生と当局の「全学集会」が設定され3万5千人の学生が参加。同じころ、パリで学生・労働者による1千万のデモ。ドイツ、イタリアに拡大。

1968年8月　ソ連がチェコに侵入。

1968年10月21日　国際反戦デーの集会後、新宿駅にデモ隊が乱入し、「騒乱罪（騒擾罪）」が適応される。

1968年11月22日　東大本郷安田講堂前で「東大、日大闘争勝利全国学生総決起集会」がおこなわれ、2万人近くの学生が集まる。

1969年1月18日、19日　全共闘がバリケード封鎖する安田講堂に、8500人の機動隊が攻撃を開始し、72時間におよぶ攻防が繰り広げられ、安田講堂は陥落。

1969年にかけて、各大学の個別の問題を軸に日本の主要な国公立大学や

1969年11月　私立大学の8割に該当する165校が全共闘による闘争状態にあるか全学バリケード封鎖をした。新宿西口フォークゲリラ。
1970年　佐藤首相訪米。日米安保継続と沖縄返還が決まる。
法政大学はバリケード封鎖とロックアウトが続く。8月3日、六角校舎で内ゲバによる殺人事件。8月22、23日、「侵略＝差別と闘うアジア婦人会議」が法政大学で開催され、ウーマンリブ運動が始まる。
1971年　三里塚、警察による行政代執行。

ビデオおよび資料をもとに、グループに分かれて議論してもらった。「学生運動とはあんなに激しいものだったのか」「自分たちは大学にさえ入っていればよいと思っているので、なぜあんなことができるのか、理解できない。大学に求めているものが違うのではないか」「今は大学に入るのは就職のため」「自分の生活に精一杯で社会のことを考えられない」「自分が行動してもどうせ何も変わらない」「大学全入時代では大学生意識が希薄」という声があった。

また、「かつては抗議したが、今はネット以外に不満を言う場がない」という、意見の表明の場や、「不満を言わないことが美徳」「さほど不満がない」という社会の雰囲気も問題にした。

さらに、今はデモのような行為を「迷惑行為」として見下す傾向があり、「自分から何かを動かそうという気持ちが無い」という意見もあった。「学生運動は結局、人に動かされているのではないか」という意見もあり、やはり当事者意識を想像できないようだった。

「諦観」「諦念」「順応」「面倒なことを避けたい」「誰かがなんとかしてくれる」「人まかせ」「波風立てずに生きたい」「何事にも関心がない」「目標がない」「社会を変えるより社会に合わせて生きている」という言葉も飛び交った。

日大闘争は大学の不正が原因だった。そこで「もし大学に不正があったらどうするか?」と質問してみた。すると、「世間に知られたらブランドが下がるから困る。そっとしておきたい」という意見があり、それに対して特に反論はなかった。大学進学の理由は就職のみ、という状況が現れている。

全共闘運動の背景

小熊英二は『〈民主〉と〈愛国〉』や『1968』において、全共闘運動が生まれたその歴史経緯を丹念に記述した研究者だが、『私たちはいまどこにいるのか』で次のように述べている。

ベビーブーマーは日本がまだ貧しかった一九五〇年代に人格形成し、二〇歳ごろになって急速に豊かになる経験をしました。……急激に豊かになったことからくる「これでいいのか」という後ろめたさがあいまって、豊かさの陰で犠牲になっているものがあるはずだ、加害の自覚を持たねばばいけないという感情をひきおこし、マイノリティーの発見と、マイノリティーを足場にしてマジョリティーを撃つという「一九七〇年パラダイム」の形成にいたった。

と。そして、その後のエコロジーや自然志向もその延長線上にあると言う。ここでいう「加害の自覚」とは、1970年前後の運動が、ベトナム戦争への自らの荷担、という意識を負っていたことをさしている。それは朝鮮戦争や、後には従軍慰安婦問題にもつながり、中国の文革を考えることにもつながっていた。

大量の文献、記録、聞き取りに基づく丹念な小熊の仕事には敬服する。小熊の言う「一九七〇年パラダイム」の形成があったことも確かだと思う。しかしこのくだりでは、「豊かさ」「貧しさ」という言葉が内実をともなって語られていない。

世の中には豊かさと貧しさという二つの状況があるわけではない。多くの人が飢餓で死ぬしかない状況から、家族親族が生涯贅沢しても使い切れない金をもっている者までいるだろうが、その間には無数のグラデーションがあるのだ。どこからどこまでが「貧しさ」なのか、当人もわからない。また、土地を所有している農家と集合住宅で暮らす都会人では、後者の方が現金収入をもつので前者より豊かだと自覚するかも知れないが、実際の資産数値は逆なはずだ。「豊かさ」「貧しさ」は高度経済成長期ですら、数字では計れない。

たとえば進学率が13－17％だった1965－1970年ごろ、大学進学者の家は裕福だったのだろうか？　授業料が他大学より安かった法政大学は「平民の大学」「庶民の大学」と言われていた。京都府出身である評論家の渡辺京二（１９３０年生）の時代でも、秋田県出身である現官房長官の菅義偉（１９４８年生）の時代でも、地方から出てきて苦学している学生は、法政大学だから通えた、と語っている。彼らは親からの仕送りが無く、自分で働いて大学を卒業した。

当時は東京大学も苦学生の行くところで、「貧乏人の大学」と揶揄されていた。自宅通学ではあるが、私の兄（１９４７年生）は東京大学に、私（１９５２年生）は法政大学に通った。浪人するという選択肢はなく、自宅通学でもアルバイトは必須であった。13−17％進学率の時代では、裕福だから大学に行くのではなく、大学に行くことに意味がある、と思っていた者だけが大学に行ったのである。授業料の問題は後から考えたのだ。親の収入と大学の偏差値が連動している今日とは、全く異なる状況であった。

私は、１９６０年代後半から１９７０年代前半にかけて、自分が「豊かになった」という実感をもっていない。周囲にも、豊かでない人がいくらでもいた。つまりここで語られている加害者意識の形成は、個人の豊かさの問題とは無関係なのである。「後ろめたさ」は、もちようがない。

全共闘運動の基礎的な要因となった「加害者意識」の形成と「一九七〇年パラダイム」の形成には、別の要因を考えなくてはならないだろう。それは豊かさとは逆の、何らかの「喪失体験」ではなかったか。高度経済成長という言葉がそれを見えなくさせている。経済が成長したことは事実である。ではその中で育った子供たちは金で幸せになったのか？　すでに大人になってしまった親たちにとっては、収入が増えれば子供に教育を受けさせ、衣食住を充分に与えられる安心感がある。とりわけ、戦争直後の生活を味わった世代にとっては、この上なく良い時代が来たはずだ。

しかし高度経済成長期に、自分が生きている基盤が壊され変化してしまった、と感じた子供たちは少なくなかったはずだ。私はそのことに、１９８３年に刊行された『東京漂流』で気づいた。著者の藤原新也は自分が育った古い旅館がブルドーザで壊され、コミュニティを離れることになり、自らの基盤と離されていった経緯を書いている。それは深い悲しみをともなった人生最初の喪失体験だった。私はそのくだりを読んだ時に、「私だけではなかった」と思った。藤原新也がその後日本を離れインドに滞在したのは、そのことと無縁ではない。

高度経済成長はスクラップ&ビルドである。単にものの量が多くなることではなく、それまであった農地や村や町やコミュニティや人間関係や仕事が壊され、別のものに取って替わられることだ。多くのものが作られたということは、多くのものが壊されたということなのだ。戦争による変化より、１９６０年代の高度経済成長期の変化の方がはるかに大きかった、とよく言われる。たとえば日本の農家の数が急激に減少の一途をたどるのは１９６０年からである。１９６０年は、水俣の新日本窒素肥料（現在のチッソ）が過去最高量のアセトアルデヒドを生産した年であり、福島第一原発の誘致が始まった年である。１９６４年のオリンピックの準備で、東京も大きく変化した。村落のコミュニティや都市のコミュニティは、音も無くゆっくり壊れていった。

1960年代は、経済が社会の価値観を急激に変化させた転換期だと言えるだろう。

そのなかで、「自分はなぜここにいるのか」「どのように生きることができるのか」を問うことは自然だった。大学生は、大学でも社会でも、管理に組み込まれた歯車になることを運命づけられていることを知る。黙っていれば、世界構図に呑み込まれる自分の姿が見える。「自己否定」という言葉は、単に加害者意識を意味していたのではない。生まれた時には確かにあったはずの社会基盤がいつの間にか失われ、親たちはむしろそれを喜んでいる。しかし自分自身にとって、失ったものと引き替えに得たものはいったい何だったのか？　いくらか広い家？　勉強部屋？　搾取で成り立っている会社の地位？　そこに送り出そうとする学校？　学生たちは解答をみつけて運動していたわけではない。失った大事なものと「引き替えに得たもの」を否定していたのである。そこには、喪失感に由来する深い空虚があった。1960年代に育った子供たちは、それをさまざまな方法で埋めようとしたのである。

1970年に出現したウーマン・リブ運動も、単に左翼組織の中での女性差別への恨みや、「女の立場を良くしろ」という戦いではなかった。ウーマン・リブ運動には、日本人である自分がアジアに対しておこなっていること、それを知らないでいることの犯罪性という観点が存在した。つまりウーマン・リブとは、女たちが自分の被抑圧性や被害性を訴えた運動なのではなく、被抑圧者であるとともに抑圧者であり、被害者であるとともに加害者であり、被差別者であるとともに差別者であり、自立のための仕事と収入の獲得が結局は生産至上主義を助長させて自分の首をしめる、という「はざま」でなされた運動なのである。女性たちも喪失感と無縁ではなかった。同時に、自分の存在が矛盾そのものである、という自覚をもっていた。そしてさらに、女性たちはどのように生きようとも、勘違いにもとづく男からのレッテル貼りに付き合わされていた。ウーマン・リブ運動は、さまざまな動機と要素をもつ複雑な運動であった。その複雑さを切り捨てずに保つことこそが、運動には大切なことなのだ。

社会運動の必要性

運動の場は多様である。大学だけではない。いやむしろ、今は大学に運動はない。1970年ごろを境に、原理主義者たちは意志一致できない者たちの排除を繰り返し、内部分裂と内部殺人を重ねた結果、1972年の連合赤軍あさま山荘事件に至り、多くの人々が見放した。その後そのような排除的な方法はなくなったかというと、そうではなかった。同じやりかたが、やはり大学生を含み込んだオウム真理教のなかで繰り返され、未だにその方法に執着する者たちはいる。現在の大学周辺でおこなわれている運動らしきものは、ほとんど学生ではないセクトの者たちによる、40年も前の型を使った伝統芸能だ。拡声器で「～粉砕」と叫んで、止めようとする者がいると胸ぐらをつかみ脅す。ビラのデザインや言葉まで型どおりだ。この「学生運動もどき」には、新しい型の創造が無い。おそらく市民運動の中にも、「かつての運動の興奮を取り戻したい」

と、遊び心だけを求めておこなっている人たちがいるであろう。このような感情によっておこなわれている運動は多くの場合、カメラやビデオで自分を撮ってそれをインターネットで公開している。演劇と化した運動がそこにはある。

本来の社会運動は、必要に迫られておこなうものである。たとえば江戸時代の一揆は、藩の検地の厳密化、年貢増加、年貢米に対する付加税の増加、升目の変更、年貢品目の増加、貸し付けの高利取り立て、夫役（普請労働）の増加、藩専売品の強制売りつけ、領外からの商品移入制限、年貢未納や訴訟に対する過酷な処罰などに対しておこなわれた。すべてが生活に直結する。

一揆は1660年代〜70年代ころから全藩一揆のかたちをとり、その抗議は個別の役人ではなく藩政そのものに向けられた。さらに18世紀以降は藩を超えて地方一帯で同時に起こるようになる。農村の一揆だけではなかった。米価の高騰、銀札の無効などを原因とする都市住民による一揆も発生した。塩田や鉱山における技術労働者たちの賃上げ要求も起こるようになり、農村奉公人、都市職人、都市奉公人、武家奉公人などによる集会、職場放棄、要求書の提出などが生起した。これらが近代のデモンストレーションにつながるのであって、決して社会運動は欧米からの輸入ではない。デモ活動の定義は集団で意思や主張を示す行為である。一揆は行列による示威行動は無いとしても、デモなのだ。打ち壊しをともなうからデモと区別されることもあるが、すべての一揆が打ち壊しをともなうわけではなく、近代のデモも暴動と紙一重であったから、やはり同じものだと考えてさしつかえない。

さらに一揆はデモよりも、方法が厳密に決まっている。頭取《とうどり》（リーダー）を中心に契約文言を作成して起請文を作り、そこに署名する。署名は傘連判、車連判と呼ばれる円形をとる。最初に署名した人物（頭取）が誰なのかをわからないようにするためである。この段階を、すでに「一揆」という。

次に、要求事項を記載した「百姓申状《もうしじょう》」を作る。その上で愁訴《しゅうそ》する。愁訴とは窮状を訴えることで、要求する相手の眼の前で申状を読み上げ、相手に渡すことだ。同時に起請文を添付することが多い。これは今日で言えば署名の提出にあたる。

訴える相手に要求を渡せない場合、手続きの段階を飛び越しておこなう訴えを越訴《おっそ》という。代官へ訴えるべきものを領主に訴えたり、藩を飛び越えて幕府に訴えたりすることだ。百姓の意向を負って、村役人が単独もしくは少数で直訴することが多い。

愁訴または越訴が受け容れられなかった場合、要求する相手に集団で直訴することを強訴《ごうそ》という。この段階が今のデモにあたるだろう。強訴の呼びかけでは、頭取（首謀者）のいる村を「発頭村《ほっとうむら》」として廻状《かいじょう》を作る。廻状には一揆の目的、日時、年令範囲（ほとんどの場合15〜60歳）、廻す方法、違反者への罰則が書かれる。一揆当日は蓑笠をユニフォームとする。篝火をつけ、たいまつを持ち、鐘や半鐘が鳴らされ、ほら貝が吹かれ、ときの声を上げ、出動をうながす。

一揆民衆が、大庄屋、庄屋、地主、在方商人、都市富商などの豪農商の家屋・家財・生産用具類を破壊することを打ち壊しというが、要求項目が豪商や庄屋による買い占めや不正蓄財に関わる場合におこなわれる。衣類、金銭、穀物、証文類が切り裂かれまき散らされる。ときには土蔵の放火もあるが、窃盗は厳禁だ。打ち壊される側がのぼりを立てて酒食を振る舞い、打ち壊しを免れようとする行為も見られた。

一揆の最後のかたちが逃散《ちょうさん》である。愁訴、越訴、強訴いずれも受け容れられなかった場合、百姓たちが田畑を捨て、山林に入ったり、他の土地に集団で移住することがあった。武士階級はこれをもっとも恐れた。日本の経済の根本には百姓がいて、社会が成り立っている。なにより武士階級は彼らなしでは存在し得ない。大規模な逃散が起こったらその藩は崩壊する。

農民はときに、打ち首覚悟で一揆をおこなった。それはコミュニティを存続させることで農業生産を続けるためであった。批判のための批判でも、運動のための運動でもなかった。社会運動は、多様な人々がこの社会に生きるために何が必要か、という課題に立ち戻らなくてはならないだろう。

1890年、米騒動が富山から発生して鳥取、新潟、福島、山口、京都、石川、福井、滋賀、愛媛、宮城、奈良の各県に拡がり、佐渡では鉱夫を中心に2000人が結集した。1897年には長野県で約2000人が暴徒化し、1918年には米価の急騰に対し約100万人の全国デモが発生した。きっかけは富山県魚津町の女性労働者が米の荷積みを拒否したことだった。1954年、ビキニ環礁における米国の水爆実験で第五福竜丸が被爆した。杉並区の主婦たちが署名運動に立ち上がり、有権者の半分を超える約3400万人の署名が集まった。翌年の1955年、原水爆禁止世界大会となり、そこに原水協が生まれる。1982年、上関原発建設計画に反対して、対岸の祝島では女性を中心に現在でも、毎週月曜にデモをおこなっている。2007年、貧困問題に取り組んできたさまざまな団体が集まって反貧困ネットワークが発足した。2008年には年越し派遣村が発足し、日本における貧困問題が明らかとなった。2011年に起こった福島原発をきっかけにさまざまなデモが展開しているが、2012年7月、大飯原発再稼働をめぐって首相官邸前金曜日デモが巨大になり、その後定常化し、テント拠点が常設されている。沖縄では辺野古にテントが常設されているだけでなく、ほぼ毎日どこかで活動がおこなわれている。新大久保のヘイトスピーチデモに対し、反ヘイトスピーチデモが展開された。「しばき隊」のような「暴言には暴言を」というデモもあるが、暴力の連鎖を断ち切りたいと思う人々によって2013年「のりこえねっと」が発足した。

学生運動の内部分裂によるテロ化を経ても、米価、原水爆、原発、貧困、米軍基地などに対し、市民運動は学生運動とほぼ関係なく継続してきた。市民運動はさらに多くの問題を取り上げ続けるであろうし、それは民主主義を補強し、多様性に価値を置く社会を作る上で重要なことである。集団的自衛権の行使容認や自民党憲法案に向けての改憲が論じられるなか、必要なのは議論の場を作り続けることである。

おわりに

最後に、喪失感の問題に立ち返りたい。

かつて運動は自らのありかたへの深い疑いを、その根本に持っていたと思う。喪失感とは言っても、そこに奪った者と失った者がそれぞれいるわけではない。自ら、家族やコミュニティとともに、わずかな豊かさと引き換えにその根を失うことを選んだのだった。戦争は、いったん起きると一人の人間が被害者にもなり加害者にもなる。戦争に無縁だったかのように見える戦後の日本人もまた、戦争加担者であり、同時に戦争の受益者であった。高度経済成長の蜜を吸う者であり、同時に多くのものを失った喪失者でもあった。高等教育を受けた者はエリート主義者であり、同時にそれを恥と思う者でもあった。

人はあらゆることに両面的、多面的な矛盾を抱え込んで生きている。その矛盾に直面するならば、動かず、また黙するしかない。しかしそれでもなお、人が個として民主主義社会に生きていくのであれば、公の発言から何らかの運動に至るまで、その矛盾の幾重もの襞のあいだから言葉と行動を選び、それによってかろうじて一人の個人であり続けるしかない。そこには選べない状況で選び、躊躇しながら力強い言葉にしなければならない、何らかの「恥」があって当然なのである。だから異なる考えに耳を傾け、異質な者を受け容れ、しかし「自分」をやめるわけにはいかないように、行動と発言をやめることはない。

その反対に自分を疑うことなしにひたすら正しいと思い込み、悪いのは自分以外の何者かであると信じ、それに対する攻撃の手をゆるめないもの、それは運動ではなく「暴力」と呼ぶべきだろう。様々な理屈をひねり出したとて、それは思想ではなく信心である。

ある学校で古い塔が壊されることになった。反対の声もあったが、安全に保存するには膨大な資金が要る。生徒の授業料を保存に使うことはできない。生徒たちの安全のために、塔を建て直すしかないからである。しかしそこに、大人による声高な反対運動が起こった。保存のための資金を集めるわけでも、寄付するわけでもなく、塔を新しくすることへの不満と怒りをぶつけるだけの、攻撃的な反対運動となった。

このように、哀しみや喪失感という個人的感情を引き起こした者や組織を悪者とし、その悪者に、自分の喪失感を回復させようとする運動ならざる運動が巷にはいくらでもある。「権利」という言葉が、他者を侵害してでも自分だけが慰謝される権利、と考えるのみで、身を挺して喪失を共有しようとするのではなく、他人の力と他人の金で喪失感を「消そう」とする。その類のものを、私たちは見抜かなければならない。

社会運動の節目として長く人々の記憶に残り、運動として引き継がれていくものには共通点がある。それは運動する組織や個人の複雑さと矛盾とを自ら観察し、語り続けた運動である。水俣の運動はその代表例であろう。たとえば「チッソは私であった」という緒方正人の認識は、水俣事件の原因は自らと、その属する社会のなかにもあるという、本質を突いた認識である。石牟礼道子の執筆活動もまた、その対象は海と、そこに生きてきた自分たちであって、チッソそのものではない。

運動は戦争ではなく、攻撃でもなく、人がこの複雑な社会でかろうじて一人の個人であり続けるための行動と発言なのではないだろうか。

参考文献

朝日新聞社・NHKソフトウエア企画『現代日本の歩み　社会編8・全共闘』NHKソフトウエア企画、1995年。

NHK『NHKスペシャル 戦後50年その時日本は　第7巻・大学紛争「東大全共闘・26年後の証言」』。

小熊英二『〈民主〉と〈愛国〉――戦後日本のナショナリズムと公共性』新曜社、2002年。

――『1968・上――若者たちの叛乱とその背景』新曜社、2009年。

――『1968・下――叛乱の終焉とその遺産』新曜社、2009年。

――『私たちはいまどこにいるのか』毎日新聞社、2011年。

田中優子『カムイ伝講義』小学館、2008年。

PART II　仲間を広げる、社会を動かす

第4章

社会を変えるために
ソーシャルメディアを使う

藤代裕之

誰もがジャーナリストになれる

ツイッター、フェイスブック、ブログ、ニコニコ動画など、人々が情報発信できるソーシャルメディアが広く普及している。大学生にとっては授業やアルバイト、サークルの出来事など、何気ない日常のやり取りを友人と行う身近なコミュニケーションツールという位置付けが強いかもしれないが、ソーシャルメディアは社会変革を呼びかけるツールとして世界的に注目されている。

ソーシャルメディアの最大の特徴は、国境すら越えて多くの人に情報を届けることができるということにある。ソーシャルメディア登場以前は、多くの人に伝える手段は新聞やテレビといったマスメディアしか存在しなかった。そのため、マスメディアに取り上げてもらうことは重要であった。活動の当事者からは「マスメディアに取り上げてもらえない」「マスメディアは偏向している」といった批判的な意見を聞くことも多い。今や誰もが同じ発信者、誰もがジャーナリストになった。何かを変えたければ、自らソーシャルメディアを活用できる時代に、このツールを生かさない手はない。

ジャーナリストというと、権力の汚職を追及したり、紛争地帯を取材したり、というイメージを持つかもしれないが、最も大切なことは社会で起きた出来事を記録することだ。なぜ記録が重要なのか。私たちは、未来を予測することはできないが、過去に学び、より良い社会を作っていくことができる。学ぶためには過去が記録されている必要がある。ジャーナリズムは、世の中で起きる事実を記録し、検証することで、未来への方向性を見いだしていく活動であり、ジャーナリストの仕事は人々に議論の材料を提供するのが役割といえる。

もうひとつジャーナリストにとって大切なことは、社会の中に埋もれた問題や課題を見いだしていくことである。これまでは、マスメディアに所属する記者やフリーランスによって取材が行われ、時に社会的な困難に直面している当事者や解決策を探ろうと活動している団体から情報を得て、記事や番組をつくり社会に知らせてきた。

ソーシャルメディアの登場により、当事者や支援団体なども発信できるようになった。だが、単に声を上げただけでは社会を変えるうねりを作り出すことはできない。誰もが情報発信できるようになり、新聞やテレビだけでなく、パソコン、スマートフォンからも大量の情報が届けられ、伝える競争は激化している。社会を変えるためには多くの人々に声を届け、心を揺さぶり、行動に結びつけてもらわねばならない。そのためには、ソーシャルメディア時代の情報伝達の構造を理解し、伝え方を工夫し、マスメディアも含めた多様なメディアを戦略的に活用していく必要がある。

ソーシャルメディアで社会を変える

２０１０年末にチュニジアで起きたデモは政権崩壊につながり「ジャスミン革命」と呼ばれた。その影響を受けたエジプトでも大規模な反政府デモによりムバラク政権に終止符を打つ「アラブの春」が起き、アメリカでは反格差を訴え公園を占拠する「オキュパイ・ウォールストリート」が起きた。これらの活動に、携帯電話のショートメッセージやツイッター、フェイスブック、ＹｏｕＴｕｂｅが使われ、ソーシャル革命とも呼ばれた。日本でも、ソーシャルメディアを活用した脱・反原発デモや嫌韓デモなどが起きた。

このような世界同時多発的な動きに、ソーシャルメディアが社会変革をもたらすという期待が寄せられたが、アラブの春後の中東地域の混乱を見ても、そう簡単な話ではなかったことが明らかになっている。あくまでメディアはツールであり、結局のところ人がどう使うかだ。[1]

図1　署名サイト「change.org」の日本版トップページ

ソーシャルメディアを使って情報がやり取りされ、人々がつながり、活動が広がっていくことで、社会における重要な課題、議論すべき話題は何かという「議題設定」が人々によって担われるようになってきている。この議題設定は、従来は大きな影響力を持つ新聞やテレビといったマスメディアの報道により左右されるとされてきた。そのため、従来の社会活動では、マスメディアの記者にプレスリリースを送ったり、記者に情報を提供して理解者になってもらったりといった、マスメディアへのアプローチが重視されてきた。ソーシャルメディアの登場により、当事者も多くの人に発信することができるようになり、人々を集める動員のツールとして利用できるようになった。ソーシャルメディアは、人と人のコミュニケーションツールというだけでなく、デモの集客、クラウドファンディングと呼ばれる寄付で活用されるようになり、利用の幅が広がっている。ソーシャル革命とは、メディアの民主化だと捉えることができるだろう[2]。

メディアは人々の声を政府や企業に伝える役割も

果たしてきた。だが、ソーシャルメディアによって人々は声を上げられるようになった。この声を生かそうという動きも始まっている。２０１１年にアメリカ政府が開設した請願サイト「We the people」は、13歳以上の誰もが政府への要望を投稿することができ、30日以内に10万人の署名を集めたら政府側が回答すると決まっている。投稿内容には、医療制度改革や税制についての真面目な請願から、デス・スターウォーズに登場する宇宙要塞デス・スター建設に関するものまで存在している。デス・スターに関しては「建設費が85京ドルを超えると推定されています。政府は財政赤字を拡大するのでなく、減らそうと努力しています。政府は惑星を吹き飛ばすことを支持しない」などと回答し、話題となった。

署名サイト「Change.org」は２００７年2月に社会変革をテーマにしたＳＮＳとして開設され、11年に署名機能を打ち出し、注目されるようになった。Ａｐｐｌｅ製品を製造する中国工場での待遇改善を求める署名を25万以上集めて、改善策を引きだしたこともあり、グローバルな社会運動のプラットフォームになっている。２０１２年には日本版が開始され、ロンドン五輪で準優勝した女子サッカーが帰国する飛行機のシートをビジネスクラスへアップグレードするという訴えの賛同者は約2万人にのぼった。

賛同者は１５００人と少ないものの実績を上げたのが北海道大学のジンギスカンパーティ（ジンパ）問題である。これは北海道大学で伝統行事として知られるジンパが、学生のマナー違反などで火気利用禁止となったことに対し、学生が立ち上がったというものだ。学生たちは、

Change.orgを利用して署名集めを開始してソーシャルメディアでジンパ禁止問題の情報を広げていくとともに、マスメディアの記者にアプローチした。火気禁止となる前日、学生たちは雪の中で「最後のジンパ」を開催し、記者が取材しやすい現場を作り出した。このイベントが地元の北海道新聞などに取り上げられた結果、ソーシャルメディアだけでなく北海道の多くの人に知られるようになり、大学側と話し合いで新たなジンパエリアが設置されることになった。これは、ソーシャルメディアとマスメディアの双方を活用した好例といえる。

政治学者の蒲島郁夫は、日本のマスメディアと政治の関係を「メディア多元主義」と位置付けている。[3] マスメディアは、政治家や官僚、経済界や市民運動のリーダーなどさまざまな利益集団や弱小集団を取材対象にすることで、反体制集団や弱小集団の考えを政治に反映させる役割を果たしているとされている。つまり、マスメディアが社会に埋もれた問題を取り上げて、政治に影響を与えているのである。この役割は依然として存在している一方で、マスメディアが取り上げなければ、多くの人には知られないという問題がある。マスメディアがニュースだと考える枠組み（フレーム）から外れてしまえば、いくら当事者が重要な問題と考えていても、新聞やテレビで報じられることはなく多くの人に伝えるのが困難であった。このマスメディアのフレームは、冒頭に紹介した「マスメディアに取り上げてもらえない」という当事者の批判の原因の一部でもある。

デモや請願サイト、署名サイトによる賛同の声の可視化は、ニュースバリューを作るという点で非常に重要となっている。もちろんデモは昔からあり、街頭で行われているとの指摘はある。マスメディアとつながりがある労働組合や平和団体のデモは小さなものでは記事になるが、人数は多いけれど別の団体のデモが掲載されないのは、マスメディアのフレームから外れてしまっていることがある。その際に、ソーシャルメディアによりたくさんの人が街頭に出て訴えていることや、署名が集まっていることが可視化されれば、マスメディアは取り上げざるを得ない状況になっていく。

ソーシャルメディアや署名サイトは、社会問題を可視化していく新たな回路である。注意する必要があるのは、北海道大学ジンパ問題でもみたように、マスメディアが否定されるものではないということである。社会を変えるためには、出来る限り多くの人に問題を知ってもらう必要がある。そのためには、ソーシャルメディア時代の情報伝達の構造を知る必要がある。

情報伝達の構造を理解する

ソーシャルメディアの登場によりメディアは、マスメディア、ミドルメディア、パーソナルメディアに3層化した。マスメディアは、新聞やテレビ、ポータルサイトなど多くの人々に情報を伝え、パーソナルメディアは、掲示板、SNS、ブログ、ツイッター、フェイスブックといったソーシャルメディアの一つひとつの書き込みのことを指す。

ミドルメディアは、マスメディアとパーソナルメディアの中間に位置するメディアで、特徴は人々の発信した情報をマスメディアへと「逆流」させる役割を持つことである。ソーシャルメディアの登場以前、情報はマスメディアから人々に伝わる一方向の流れだった。

膨大な情報が溢れるパーソナルメディアからニュースを見つけるのは至難の業だが、ミドルメディアに取り上げられれば、人々に目にふれることが増え、話題が大きくなる。新聞やテレビが紹介する前から、ニュースサイトやまとめサイトなどミドルメディアでは取り上げられていたということが多くある。マスメディアの記者もミドルメディアからニュースを探すようになっているからだ。ミドルメディアには編集型とプラッ

図２　３層化したメディアの構造

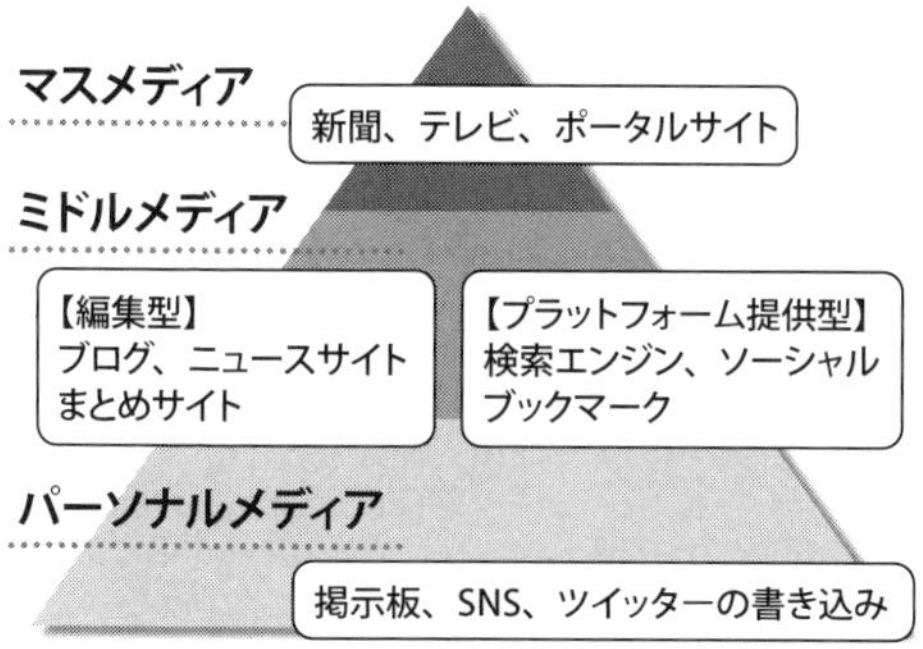

図３　３つのメディアが相互に影響するニュースの循環

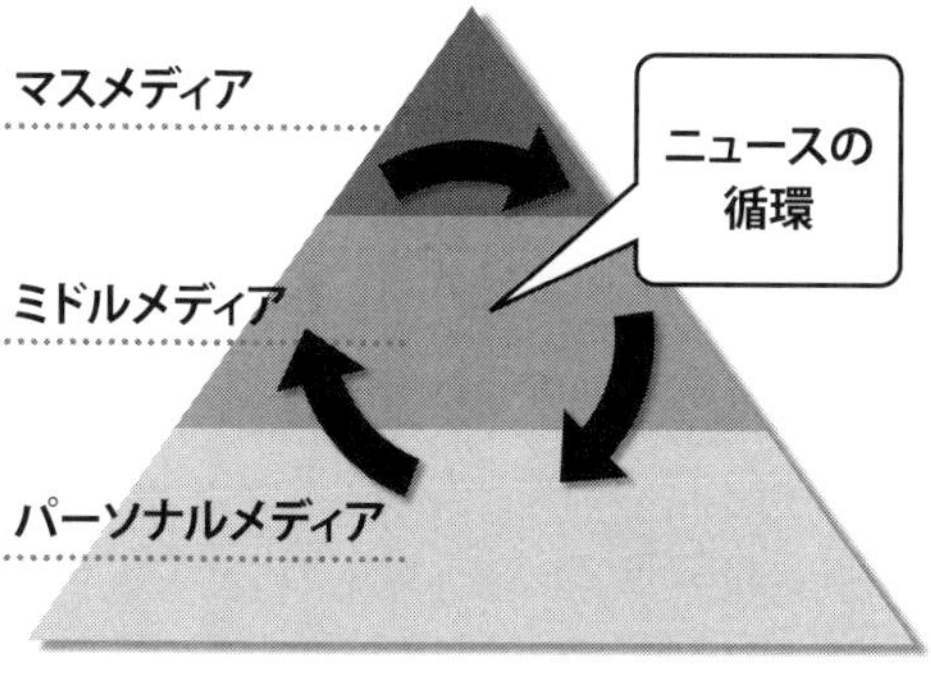

トフォーム提供型の2種類がある。具体的なサイトは変化が激しいため参考程度に示す。

注意したいのは、ミドルメディアはアクセス数や読者数といった大きさではなく、マスメディアとパーソナルメディアをつなぐ構造である、ということだ。

編集型は、人が情報を探して記事にするニュースサイトや著名ブログのことで、ニュースサイトでは、J-CASTニュース、GIGAZINE、ギズモード、などがある。2ちゃんねるなどの掲示板の書き込みを取り上げるまとめサイトも編集型といってよい。地域情報に特化したみんなの経済新聞ネットワーク、政治や社会的な話題も多いハフィントンポストなどがある。

プラットフォーム提供型は、ユーザーが参加して記事を評価したり、ランキングを活用して情報を表示したりする。ソーシャルブックマークやソーシャルニュース、検索エンジンがある。ツイッターのツイートを編集できるtogetterや情報を編集することができるNAVERまとめ、などキュレーション系サービスもプラットフォーム提供型に含まれる。

マスメディアが大衆を対象としているのに対して、ミドルメディアは特定の読者に向けて記事を提供する。そのため、特定の話題に特化したミドルメディアもある。

マス・ミドル・パーソナルと3層化したメディアは相互に影響を及ぼしながら、話題を拡散していく「ニュースの循環」を生み出している。そのため、誰も知らないような情報でもミドルメディアを通じて、瞬間的にマスメディアに紹介され大きなニュースとなることがある。このような情報伝達の構造を理解して、声を伝えていく必要がある。

行動につながる声の届け方

社会を変えるためには単に声を上げ、届けるだけでなく、行動につなげてもらわねばならない。そこで、2012年に起きた脱原発を訴える首相官邸前の抗議行動を参考にしながら、どのように多くの人に伝播し、参加者を集めたのか考えてみたい。キーワードは、①共感の可視化、②定期的な情報発信、③ソーシャルリスニング、である。

共感を可視化しよう

首相官邸前の抗議行動は、主催者発表では最大20万人規模となった日もあり、今までデモなどの抗議行動に参加しなかった人も多かったとされている。こうした人までも抗議行動に集めることができたのには理由がある。

企業や団体が行うイベントやキャンペーンでも人を集めるのは簡単ではない。企業であれば、イベントに話題性を持たせるため、有名タレントを使ったり大規模に広告を出したり、お金をかけて集客作戦を展開するが、多くの個人や団体にとっては大量の広告を行うことは難しい。また、企業キャンペーンはプレゼントなどの直接的なメリットを与えることができるが、社会活動では参加するために考えに賛同し、共感してもらうことが重要になる。企業以上に知恵が必要だ。

しかしながら、自分たちの主張が正しいと思うあまりに、過激な活動をしたり、押し付けがましいメッセージを発したりすることが多くある。それでは賛同者を少なくするだけである。主旨には賛同しているけれど、過激な活動グループと一緒に見られたくない、と足を遠ざける人も出てしまう。これは避けなければいけない事態である。社会問題を訴える場合は、多くの場合政治性を帯びるので、特定の団体や政党、宗教が裏にいる可能性もあり、テーマに関心があっても、様子を見ている人も多くいる。参加のしやすさが運動を広げる重要な条件となる。

官邸前の抗議行動はいくつかの団体が連合して行っていたが、現場での行動や主張が過激になり過ぎたり、ある特定の主張に偏らないようにルールを作成したりするほか、現場に誘導スタッフを配置するなどさまざまな点に気を使っていた。参加者が多くなれば団体と直接関わりのない人も多くなる。交通案内、トイレやバリアフリーの情報なども必要になる。子供連れでも大丈夫か、車いすでもスムーズに参加できるのか、不安を持つ人もいるかもしれない。参加を躊躇している人がいる理由はなぜか調査し、その問題を取り除く必要がある。

ソーシャルメディアを使えば、参加の形も複数用意することができる。遠隔地の賛同者はデモに参加することが難しいが、署名サイトを利用すれば賛同を表明することができる。抗議行動では、市民メディアのアワープラネットTVとIWJが空撮を実施するために募金を呼びかけた。予定の100万円を遥かに超える780万円が集まった。空から撮影された写真と動画により国会を取り巻く人の多さがより明らかになった。いずれも、抗議行動の賛同者の多さを可視化するための取り組みとなっている。直接的にデモに参加するだけでなく、社会へのアピールに貢献することで、参加することもできるのである。

ソーシャルメディアにより当事者が発信できるようになったとはいえ、当事者の情報は、自分たちに都合が良い情報ばかりが掲載されていると見られてしまう可能性がある。そこで、第三者による評価が重要になる。「確かに社会にとって重要な問題だ」「あのイベントは面白かったよ」という共感が、情報の伝播を助けて、さらに人を動かしていく。

宿泊予約サイトの評価や、飲食店のレビューサイトの書き込みを思い出してほしい。どんなに良い条件であっても、問題が多いとの書き込みがあれば予約を躊躇するだろう。第三者の評価を見て、人は行動する。また、友人が参加していれば「あの人が行くイベントなら、私も行ってもよい」とも感じる。この共感の広がりに注目したのが当時電通のクリエイティブ・ディレクターであった佐藤尚之で、ソーシャルメディアの普及を前提にした新しい消費行動プロセス「SIPS」として2011年に発表した。

人々はSympathize（共感する）→Identify（確認する）→Participate（参加する）→Share & Spread（共有・拡散する）というプロセスで行動するとしている。情報に共感し、それらをソーシャルメディアやニュースサイト、雑誌やテレビといったマスメディアで確認、参加してファンになった人たちが、共有して拡散するとしている。佐藤は従来のマスメディアを使った「大声で叫ぶ」ことで100万人に伝えるのではなく、100人にちゃんと伝えてファンになってもらうことが大

図４　＃官邸前のツイート数の変化

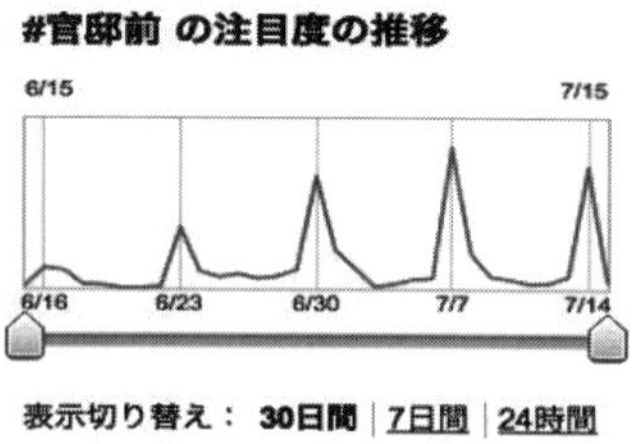

ツイッターの話題がわかるヤフーのリアルタイム検索の画面から。ハッシュタグの「＃官邸前」で調べると、１週間ごとに定期的に話題の山が来ていることがわかる。

切だと指摘している。[4]

ファンになった人がソーシャルメディアを通じて、発信を促す工夫が必要になる。多くの人が写真をとり、ソーシャルメディアにアップする。「絵になる」人やポスターの準備。ツイッターのハッシュタグ（＃）を作るなど、情報を共有しやすくしておきたい。官邸前デモでも、ソーシャルメディア経由の情報伝達が大きな役割を果たしたことが、情報拡散ルート研究会による調査で明らかになっている。研究会は「このデモをどこで知って参加したか」を９つの回答項目に分け現場でアンケートしている。「団体からの告知」「ウェブ」「（ケータイ）メール」「人づて」「ツイッター」「ブログ」「ＬＩＮＥ」「フェイスブック」「テレビ」で、デモ参加者１２１７人に丸い小さなシールを該当する項目に貼ってもらう形式で調査した。多い順番で、ツイッター37％、ウェブ20％、人づて18％、フェイスブック10％、テレビ４％、団体からの告知３％であった。団体よりもソーシャルメディアの情報を参考にして、人々が参加していることがわかる。

ソーシャルメディア時代は、一人ひとりの小さな情報がつながり伝わっていく。その情報のリレーが情報を広げ、人が集まることにつながっていくのである。

定期的に発信しよう

活動を多くの人に伝えるには、息が長い情報発信が必要となる。一度の情報発信で多くの人が知ってくれることはほとんどないからだ。定期的にイベントを起こすことは、情報を発信と参加者を巻き込むことにも有効である。

例えば、イベントの開催が1日だけなら、当日に合わせて自分のスケジュールを調整するのが面倒になる。参加しても友だちや知り合いもおらず、どんな人がいるかもわからないのでは、ますますハードルが上がるが、次にいつイベントがあるかわかっていると、スケジュールを調整しやすい。

抗議行動は毎週金曜日に行われていたが、最初から多くの人が集まったわけではない。開始した当初は数百人程度だったが、6月に入ってから増え、主催者発表によると6月15日に約1万2000人、22日に約4万5000人となり、29日に約20万人となった。図4を見ると、ツイートが毎週金曜日のイベントごとに増えているのがわかるだろう。

もちろん、6月に入り大飯原発の再稼働の可能性が高まり、ニュース性が高まったという要因はあるが、当初は新聞やテレビでは報じられず、ソーシャルメディアでもそれほど話題になっていたわけではない。もし、定期的に開催されていなければ、ソーシャルメディアから流れてきた情報を見ても、次の参加の機会は遠くなってしまっただろう。

毎週金曜日にあるとわかれば、空いている金曜日に参加できる。フェイスブックで参加した様子を報告している友人に「次は一緒に行きましょう」とコメントしたり、「来週なら空いている」と一緒に行く人を誘ったりすることもできる。定期的に開催されているからこそ、気持ちが高まったときにすぐ行動へと結びつけることができる。

ソーシャルの声を聞こう

ソーシャルメディアは有効に活用すればこれまでにない情報の広がりを作ることができるが、失敗もある。政治の世界では、２０００年の加藤の乱、２００８〜09年の麻生内閣でもネットの情報を見誤ったことがある。[5]

その大きな理由が、自分に賛同してくれる人がたくさんいるという勘違いである。実際のところ賛同は広がっていないが、熱烈な支援の声が届くことで「みんなが支持してくれている」と勘違いするのは運動をしている人たちが陥りやすい罠だが、ソーシャルメディアはこの罠に陥る傾向があることに注意をしておきたい。

ソーシャルメディアを利用することで、自分たちに似たような人とつながり、似たような情報に触れる機会を増やすことがある。インターネットのユーザーは、自分が読みたいものを選択できるようになった結果、似通った意見ばかりに接することで集団分極化しているとの指摘がある。[6]

ネットの技術の向上により、情報がコントロールされている状態をイーライ・パリサーは

「フィルターバブル」と呼んだ。[7] 例えば、グーグルの検索結果は、利用者の履歴によって違う内容が表示される。フェイスブックも、すべての友だちの書き込みが表示されるわけではない。いいね！や、シェア、リンク先を押した回数などの状況から、関係性が強い人の書き込みが表示されている。ユーザーは知らずに、自分に近い情報に囲まれている可能性がある。

これを防ぐためには、まずソーシャルメディア上の反応を確認する必要がある。ソーシャルメディアにおいては、発信よりも「聞く」ことのほうがむしろ重要になるのである。これはソーシャルリスニングと呼ばれ、マーケティングやプロモーションの戦略立案や分析にも使われている。

２０１３年に行われた参議院選挙の東京選挙区をホットリンクのソーシャルメディア分析ツール「クチコミ@係長」を利用して分析した事例を紹介したい。反原発を主張して初当選した山本太郎候補と、現職で落選した鈴木寛候補に関する書き込みや報道ぶりを分析してみた。分析ツールは、簡易な無料のものから、複雑な分析ができる有料のものまでいろいろな種類が用意されているので、事例を参考に試してもらいたい。

山本は俳優で一般的な知名度もあるが、当時マスメディアの扱いは泡沫であった。一方、鈴木については、マスメディアは民主党きってのＩＴ通として取り上げ、楽天や日本マイクロソフト、サイバーエージェントの社長らが応援したこともあり「ソーシャルで影響力を持つ人たちの応援ツイートも多い」と紹介した新聞もあった。ただ、実際のソーシャルメディアの口コミを分

図5　山本、鈴木両候補のTV、ニュースでの露出件数比較

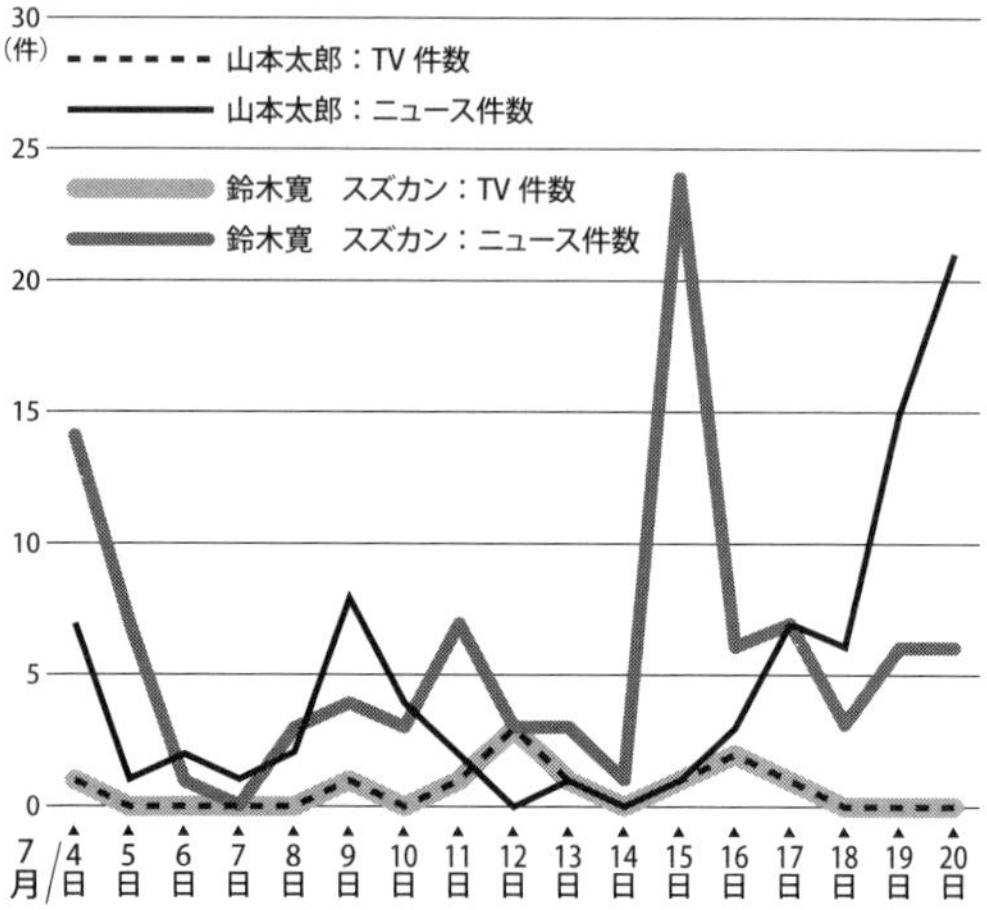

析すると、影響力は乏しかったのである。

図5のように選挙に強い影響をもつとされてきたテレビへの露出は両氏ともほぼ同じ。内容は、政見放送と東京選挙区の様子を伝える選挙報道で、時間も短い。インターネットのニュースサイトを集計しているニュース件数はピークが異なる。鈴木は街頭演説中に顔を殴られた記事、山本はメールによる選挙活動が公職選挙法に抵触している恐れがあるという記事であった。

図6はツイッターの書き込みやインターネットの検索件数である。テレビ露出はほとんどなかったにもかかわらず、山本のツイッターの書き込みや検索数は選挙戦の後半から急激に伸びている。マスメディアの力に頼らず、短期間でこれだけ伸ばしたのはきわめて異例だ。

山本に関連するツイッターの書き込みを分析すると、「魂の熱い声は本当に心に響く」「泣きました」「本気」といった共感を得ている書き込みが多い。山本陣営は演説時、聴衆に拡散を依頼

したり、積極的に有権者と写真撮影したり、口コミを広げるため工夫していた。街頭演説というリアルイベントをてこにして、有権者の共感を呼び起こし、ポジティブな口コミをソーシャルメディアで加速度的に広げた。これは官邸前抗議行動と同じ構造であるといえる。

鈴木のツイッターと検索は、街頭演説中に顔を殴られたことがマスメディアで報じられているタイミングとリンクしている。マスメディアの強さをあらわしているともいえるが、そのまま注目度は下がってしまっている。このようなデータを見ていれば、鈴木がＩＴ通やソーシャルメディアに強いという評価が間違っていたことがわかったはずである。ソーシャルリスニングをすると、時には自身に厳しい状況を突きつけられることもある。情報の広がり具合、批判や課題を真摯に受け止めて改善につなげてこそ、多くの人に伝えることができる。

図6　山本、鈴木両候補の検索件数とツイート件数比較

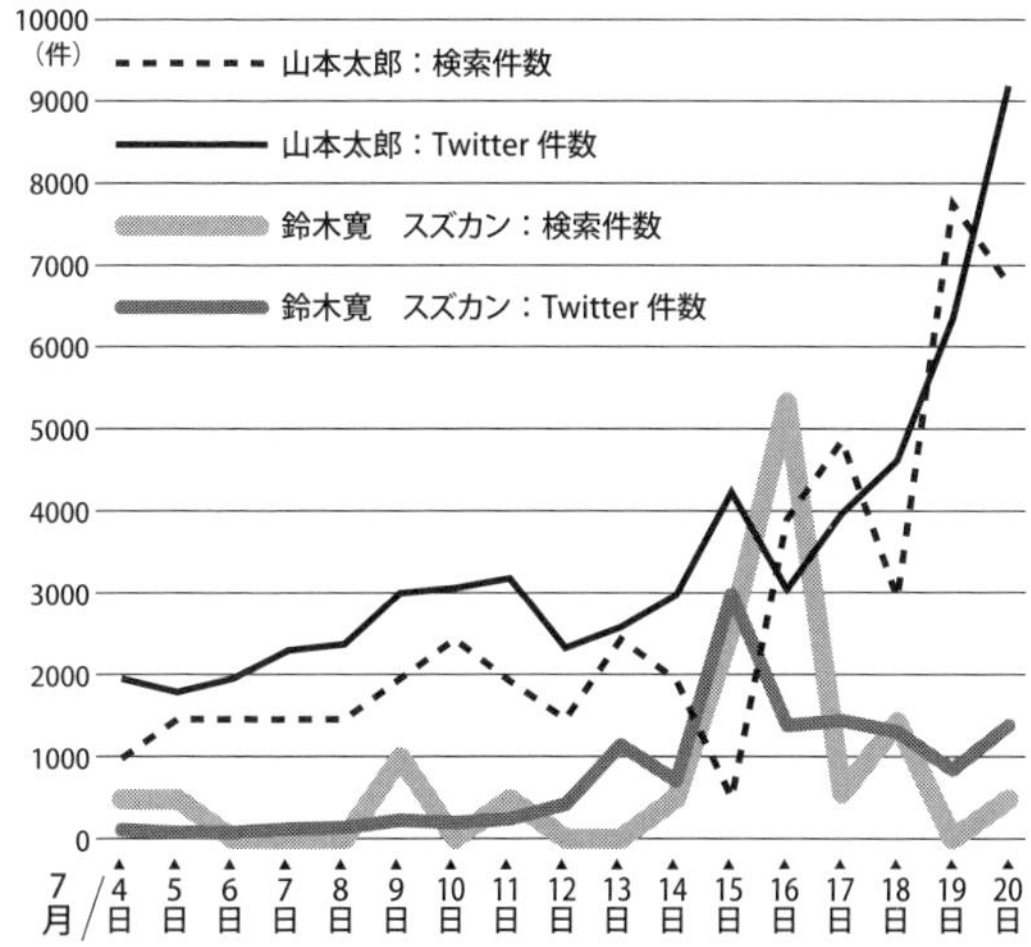

リスクに備える

ソーシャルメディアに限らず情報発信は良いことばかりではない。リスクも当然存在する。最大のリスクは炎上と呼ばれる現象だ。炎上は何らかの原因で批判や中傷の書き込みが急増する現象のことで、コンビニの冷蔵庫に入ったり、テーマパークでの迷惑行為を行ったりした際にも、大学生のツイッターやフェイスブックが炎上した。これらの事例と社会活動は無関係と考えるかもしれない。しかしながら、社会活動は主義主張が関係してくるために、さまざまな意見や指摘が行われやすいテーマだからこそ、むしろ炎上の可能性が高いともいえる。また、公私の区別があいまいなまま日常のコミュニケーションを行ったり、認識が甘い対応をして批判者を怒らせてしまったりすることもあり得る。

いくら慎重に言葉を選んでいても、何が問題になるかは情報を発信した時点では判断できない。例えば、同じソーシャルメディアのアカウントで、社会の問題について書きながら、友人たちとのコンパについて書き込んだとしよう。「社会問題を解決したいのに、コンパとはお気楽ですね」と突っ込まれることもあるだろう。これに対して頭に血が上り、活動の正当性を主張してしまうと、さらに揚げ足を取られて泥沼にはまってしまうことになりかねない。活動内容や発言内容を批判し、失敗することを狙っている人がいることも忘れてはならない。そのためには、炎上発生を前提とした対応を事前に決めておくことが重要になる。

改めて述べるが、「問題」があると考えるのは情報の受け手であるということだ。そして問題がある発言や行動は過去の記録から掘り起こされるのも、ソーシャルメディアの特徴である。コンビニやテーマパークでの大学生による迷惑行為は、過去の事例も含めて問題となっている。ある事例が問題とされれば、それと類似することが過去の記録から掘り起こされてしまうのである。多くの企業が就職活動で、採用対象となった学生の名前を検索し、将来問題行動を起こさないか、ソーシャルメディア上の過去の書き込みや行動を確認している。これと同じように、社会活動の相手となる行政や政治家、企業は、当事者の過去の書き込みを確認していると考えてよい。

仮に匿名であっても、アカウント名や書き込み、位置情報サービスのチェックインなどから実名が特定されることもある。ツイッターで誰とつながっているのか、どんなアカウントとやり取りを行っているのか、で属性がわかることもある。やり取りしている相手が匿名とは限らないからだ。書き込みに「授業」という言葉があれば学生である可能性が高く、位置情報で普段利用している駅や飲食店があれば自宅のあるエリアもわかってしまう。どのパソコンやスマートフォンから書き込んだかという記録も残る。ネットの匿名性は幻想でしかない。リアルに面と向かっていえないこと、できない行動は、ソーシャルメディア上でも避けておきたい。

ソーシャルリスニングを使って炎上を避け、情報をコントロールする事例もある。２０１３年の参議院選挙において、自由民主党は、選挙前にネットを活用した選挙活動を推進する特別チームを発足させ、ＩＴ企業や広告代理店と協力し、党と立候補者に対するネットでの書き込みを分析、監視するソーシャルリスニングを実施した。選挙戦が始まると、書き込みと新聞の世論調査なども組み合わせて分析し、専門のスタッフがレポートを作成、戦略会議で報告、意思決定というプロセスを毎日実行した。

参院選では原発問題はソーシャルメディア上での言及数が多く、大きなボリュームを占めておりマスメディア各社も争点と位置付けていた。自民党はソーシャルメディア上の状況を分析し、「原発は安全最優先が原則」と発言のポイントや注意事項などを端末に配信。また、テレビ討論で安倍晋三首相は「安全第一で考えなければなりません。基準を満たさなければ再稼働はしません」と語るなどして安全に配慮していることを強調して、原発問題の争点化を避けた。

ソーシャルリスニングをして、有権者の反応を見ながらテレビでのコメントを変えたり、タブレット端末を通じて全国の候補者に街頭演説の内容をアドバイスして行ったりというやり方は、政治情報を発信者に都合よくコントロールしておりプロパガンダにつながる問題も含まれている。もちろん、ジャーナリズムはソーシャルメディア時代に技術を理解して、チェックすることが求められている。

このような自民党の手法を紹介すると自民党に対して反発する意見も多く聞かれるが、社会問題を訴えることは、権力に立ち向かうことも多くなるはずだ。ソーシャルメディアを活用する知識を備え、対抗していかなければ、情報戦で負けるだけである。

メディアを立ち上げる――被災地での情報発信支援で行ったこと

ソーシャルメディアを使って情報発信をするだけでなく、社会問題を解決するためにメディアを立ち上げることもできる。筆者が取り組んだ東日本大震災の被災地での実践活動を紹介する。

２０１２年の春から、仲間とつくる一般社団法人日本ジャーナリスト教育センター（ＪＣＥＪ）は、岩手県大槌町で地域の情報発信力を向上させるプロジェクトを行った。大槌町は東日本大震災の津波で大被害を受け、地元メディアの岩手東海新聞を失い「情報空白地域」となっていた。ＪＣＥＪではＮＰＯや地域住民と連携しながら、情報発信のためのワークショップを行うとともに、新たな地域メディア「大槌みらい新聞」を立ち上げ、情報空白という社会的な課題を解決することを目指した。大槌みらい新聞は、１年間にわたりウェブサイトだけでなく、紙を５０００部印刷し、大槌町の全世帯に月に１度配布した。さらにフェイスブックページ、ツイッター、英語版を含むキンドル（kindle）出版で世界に発信する多メディア展開を行い、被災地の現状とそこで営まれる暮らしを多くの人に伝えた。

大槌と関わりを持ったのは、東日本大震災から１年以上がたった２０１２年春のことであった。筆者は、震災直後から東京と宮城を中心に被災地でのボランティア活動を支援するため、ボランティア情報を収集し、データベース化し、ポータルサイトなどに発信するという支援活動を行っていた。被災した小学校にボランティア向けの宿泊施設ができるという情報を得て、大槌を

図7　「大槌みらい新聞」の多メディア展開

訪れた。三陸沿岸地域はアクセスが悪く、宿泊施設も少ないという悪条件が重なっていたが、宿泊施設ができればボランティア活動が促進されるため対応する必要があった。

大槌に着いて見たのは、家の土台が残る緑の平地だった。震災以前には多くの建物があった町の中心部には、数軒のプレハブがあるのみ。「何もない」まま震災後1年半が経過した被災地の現実が目の前にあった。家屋の60％が被害を受け、人口の35％が仮設住宅で暮らしていた。多くのボランティアが訪れる宮城県石巻市や「奇跡の一本松」で知られる岩手県陸前高田市など、震災直後からマスメディアに取り上げられた被災地とは異なり、大槌町の名前は当時ほとんど知られていなかった。

町長以下の幹部が亡くなり行政が停滞しただけでなく、地元をカバーしていた釜石市に本社を置く岩手東海新聞が津波被害を受けて休刊になるなど、大槌町の情報発信力は大幅に低下しているのが原因だった。朝日新聞が大槌に支局を置いていたが、町の出来事が全国紙面で取り上げられることは少なかった。地域の人から「大槌の現状を伝えて欲しい」との要望を聞き、現地で情報発信の活動を行うことにしたのである。

活動のためには拠点が必要になる。町や地元ボランティア団体の協力を得て、7月末にボランティア向けの宿泊施設の2階教室に拠点を確保した。同時に東京で学生ボランティアを募集して、活動に加わってもらった。学生は現地活動の主役として大きな力を発揮することになる。

現地のニーズを確認する

当初は大槌の情報を全国に伝えることを目的に、ソーシャルメディアを利用する計画だった。だが、思い込みで活動を進めるのは現地ニーズとミスマッチを起こす可能性が高い。どのような電子機器を持ち、どんなメディアに接触しているか、どんな情報を必要としているかを知る必要があると考え、8月上旬に町民109人を対象に調査した。この調査も学生が主体となって行った。

テレビはほとんどの人が所有していたのに対して、スマートフォンの所有者は12人、タブレット端末は6人、携帯電話が76人だった。ソーシャルメディアは、ほぼ全員が利用していなかった。約半分が仮設住宅在住で、平均年齢は58歳と偏りはあるものの、想像を絶するソーシャルメディア利用率の低さにチームに衝撃が走った。休刊となった岩手東海新聞の元購読者は45人もいた。震災後に新聞をとらなくなった人は22人いた。

調査を行う際に、高齢者から「町内で何が起こっているかわからない」という声があることがわかった。仮設住宅に入る際に以前に住んでいた地域からバラバラに入居してしまい、知り合いがいなくなり、知人の居場所を聞こうとしても仮設住宅の担当者にプライバシーを理由に断られたことも明らかになった。仮設住宅は中心部から離れた地域に作られたため、交通手段を持たない高齢者にとっては気軽な外出が難しくなっていた。知り合いがいないため、立ち話や井戸端会議もできず、リアルの口コミも広がりにくくなっていた。地域内の情報の共通基盤が失われていたのだ。

もちろん、ソーシャルメディアがまったく使われていないかというと、そうではなかった。若い世代や町おこしグループ、ボランティア参加者は、フェイスブックやツイッターを使って新たなつながりを作り出し、課題解決に乗り出していた。小中学校の仮設校舎の教室内の温度が暑くて困っているという問題に対して、フェイスブックで支援の輪が広がった結果、最終的にエアコン設置の予算化へとつながるなど成果を上げていた。

一方で、ソーシャルメディアを利用していない高齢者の課題やニーズは顕在化しづらい状態であった。ソーシャルメディアから発信されている大槌町の情報は一部の人たちの声であり、断片的なものだが、町の外側にいる人たちにとっては「大槌町全体で起こっていること」と受け取られがちだ。そのためにはなるべく多くの人が情報発信できる状態を作る必要があった。

また、ソーシャルメディア利用者と、未利用者の間に起きている情報の分断をどう埋めるのかも課題だった。スマホやタブレット端末を配布して無理に使ってもらう方法はあったが、高齢者に馴染みがあるメディアの方が伝わりやすい。そこで出した結論が「紙」で発信することだった。

ただし、これまでの新聞とは違う紙面づくりを目指した。単に紙で記事を紹介するだけでなく、町の人同士のつながりを支えるために、なるべくたくさんの町の人の顔を掲載し、町の人が顔写真付きでイベントを紹介する「町民カレンダー」というコーナーを作った。アイデア段階では文通募集コーナーをつくろうというのもあったが、顔写真を使うことで、いわばソーシャルメディアと同じような感覚の紙面にした。準備号を配布すると、仮設住宅の談話室などで「この人知っている」「元気にしているようでよかった」といった反応があり、人々のつながりの回復を後押しした。

人々を巻き込む

活動は当初、学生ボランティアを中心に、ＪＣＥＪのメンバーや活動に賛同して協力してくれた新聞社や通信社の記者、カメラマン、フリーランスジャーナリストが担ったが、大槌の発信力を向上させるには地域の人が自らの手で発信できるようになる必要がある。

そこで、カメラや文章、ソーシャルメディアの活用などの情報発信ワークショップを行った。ワークショップや講習会の呼びかけも一苦労だった。東京であれば、ソーシャルメディアをつかえば集客もできるが、大槌町ではフェイスブックページを使っても反応はない。チラシを配布し、一人ひとり仮設住宅やショッピングセンターで声をかけて、ようやく集まる。交通手段がない高齢者には送迎も必要だ。情報を届けるのに簡単な方法などないということを思い知らされた。このように、大槌の人を少しずつ巻き込み、町民カレンダーやイベント情報を取材してもらうリポーター制度を導入して、フェイスブックでの発信や紙面づくりに関わってもらうようにし、徐々にその割合を増やしていった。

ウェブサイトでは応援の記者が中心となり、津波被害の証言を公開し、kindle（電子書籍）にもまとめた。フェイスブックは大学生や地元のリポーターが日々の暮らしを伝えた。

紙面はチラシ配布業者の協力を得て大槌町全戸に配布したが、一部エリアはスタッフや全国から集まった配布ボランティアが担った。紙面づくりや情報発信のワークショップを行うのは難しいが、配布ならできるという人もいる。配布の際には町民に声をかけ、反応を聞いてもらい紙面に生かした。活動プロセスの中に、できるだけ参加してもらえる機会をつくることで、活動への理解や支援が広がっていく。

ソーシャルメディアは発信だけでなく、チームの情報共有にも活用した。大槌町の活動拠点は、夜は卓上ランプ一つで作業し、ネット環境もつながりにくい厳しい状況であった。学生は朝から自転車で町をまわっており、現場でできることは限られる。そこで、大槌でできることを絞り込み、記事の編集やウェブサイトの構築などは東京などからサポートする体制とした。例えば、紙面づくりは、記事のアドバイスや修正は東京にいる記者が行った。紙面レイアウトはおおまかな制作を大槌で行い、佐賀県のデザイナーが修正して、和歌山にある印刷会社にデータを送付した。このようなソーシャルメディアを利用したチーム作業により、現地以外で参加できる仲間を増やすことができた。

ネットを通じて資金提供を呼びかけるクラウドファンディングの「ＲＥＡＤＹＦＯＲ？」を利用し、活動資金も得た。１回目は目標金額を１５０万円に設定したが、１９６人から２４９万円が集まった。リターンは新聞の創刊号やステッカー、インタビューを掲載する特別号外を設定した。支援は現地での拠点借り上げ、パソコンやカメラなどの備品、新聞の印刷代などに利用した。１年の活動で準備号を含めて11号の紙の新聞が生まれ、情報発信の教室には81回、３９７人が参加した。

さらに、情報発信の教室を受けた町民から写真展を行いたいという声が生まれたことを受けて、再び「ＲＥＡＤＹＦＯＲ？」を利用した。60万円の目標に91万円が集まり、大槌のおばあちゃん、おじいちゃんが撮影した写真のパネル化や旅費に充てられた。写真展にはＮＴＴ東日本の協力も得られ、タブレットによる撮影風景の紹介や大槌町との生中継を会場で実施することができた。

ニュースをつくる

クラウドファンディングで資金が集まり、写真展に多くの人が集まったのはマスメディアの力も大きい。学生インターンやＪＣＥＪの運営によるメディアへの寄稿も積極的に進めたが、第三者によるマスメディアの現地からソーシャルメディアで発信したことにより、岩手の新聞やテレビだけでなく、東京のメディアからも取材が相次いだ。活動をいち早く取材してくれたのは、ネット媒体の日経ＩＴｐｒｏであった。その後、河北新報や岩手日報という地元紙が、次いでフジテレビの取材があった。ソーシャルメディアから、ミドルメディア、マスメディアと情報が広がっていったことになる。

同じ新聞でも地方紙と全国紙では記事になるニュースも変化するし、取材する記者の関心もまちまちだ。プロジェクトでは、「情報空白地」への地域メディアの立ち上げ、学生インターンによる活動、地域の人たちへのワークショップ、おじいちゃんおばあちゃんによる写真展の開催と、切り口を変えて情報を提供した。

写真展は、首相官邸前抗議行動と同じイベントとして位置づけられる。大槌での写真展は、町内への活動の周知につながった。東京と横浜での写真展は、活動に関心を持っていたが遠くて大槌までは行けなかった人が多く訪れ、会場の様子や、おばあちゃんとの記念写真をソーシャルメディアで発信、口コミが広がった。最終的に、大槌・東京・横浜の3会場に合計約2000人もの方が訪れ、マスメディアではなく地域に住む人それぞれの視点からみた「大槌の今」を紹介することができた。
大槌町での情報発信支援のプロジェクトは２０１３年夏に終了した。活動を継続する団体が生まれ、ソーシャルメディアの利用者も増え、情報空白が解消に向かったためだ。社会課題を解決すればプロジェクトは終わる。マスメディアとは異なり、ソーシャルメディアは活動のためのツールであり、発信することが目的化しないよう注意が必要である。

注・文献

1　ソーシャルメディアとデモの関係については伊藤昌亮『デモのメディア論』筑摩選書、２０１２年に詳しい。
2　津田大介『動員の革命――ソーシャルメディアは何を変えたのか』中央公論新社、２０１２年。
3　蒲島郁夫、竹下俊郎、芹川洋一『メディアと政治』有斐閣、２００７年。
4　佐藤尚之『明日の広告』アスキー、２００８年、『明日のコミュニケーション』アスキー・メディアワークス、２０１１年。
5　菅原琢『世論の曲解――なぜ自民党は大敗したのか』光文社新書、２００９年。
6　キャス・サンスティーン『インターネットは民主主義の敵か』毎日新聞社、２００３年。
7　イーライ・パリサー『閉じこもるインターネット――グーグル・パーソナライズ・民主主義』井口耕二訳、早川書房、２０１２年。

第5章 そろそろ政治の話もしよう
地方議員と地方議会を知ろう

島本美保子×田所健太郎

私は十数年前に自分の住む自治体で保育園民営化問題に直面したことがある（第6章で詳述する）。その時痛感したことがある。社会運動で社会を変えるためには、国や地方に「良い」政治家がいることが不可欠だということだ。しかもそれは自ずと湧いてくるものではなく、自分たちの手でつくり出さなければならないということである。それまで政治、特に地方政治や地方議会について、あまりにも無関心かつ無知だった自分を恥じた。

社会運動を体験して以来私は、地元の選挙で頼まれれば応援演説をしたり、SNSでできる範囲の応援をするなど微力ではあるが、私が思う「良い」政治家をサポートするようになった。政治は何か得体のしれない、近寄らないほうがよいものなどではなく、私たち市民が手中に収めて育てていかなければならないものなのだ。

「社会を変えるための実践論」の受講者の中には、私よりずっと若くしてそのことに気付いた人がいた。田所健太郎さんはこの授業の初年度の履修者だった。彼は被選挙権の下限である25歳にして相模原市議会議員となった。当時こんなにも早く議員になるとはご本人も思ってはいなかったという。しかし今や相模原市議会議員として市民に寄り添い、その声を議会に届け続けている。この授業でも時に、地方議員や地方議会はどのような仕事をしているのか、私たちにできる政治参加とはどのようなものかということを出前講義してくださる。そんなわけで、本章では田所さんに話を伺いながら、リアルな地方議会や地方政治を紹介してみようと思う。

地方議員と地方議会を知ろう

政治家は国会議員だけじゃない

我々はマスコミを通じて毎日のように国会での政治家の発言や行動を目にする。外交や経済政策に関する首相や閣僚の発言から、サイバーセキュリティ担当大臣が「私はパソコンは使わない」と発言したという失笑レベルのことまで、たくさんのニュースが流される。しかし私たちの住んでいる市町村や都道府県の議会で、今何が議論されているかはおろか、どのような議員がいるのかさえほとんど知らないのではないだろうか。

大人として地域に暮らせば毎日いろいろな局面で地域についてのさまざまな生活情報や地域の

政治経済社会について知らなければ困ることになる。ゴミの分別の仕方がわからないとか、病気になった時に近くによい病院がないとか、バスの路線設定が不便だとか、そういうごくプライベートだと思われる困り事も実は地域の政治や行政と密接に関わることである。さらに子どもが生まれれば保育園や学童に入れないとか小中学校にクーラーがないなどといった問題に直面し、年老いた親族の介護問題が起こればケアマネージャーやデイサービスの必要を痛感する。こういったことすべては自治体の公共サービスに関わっている。そしてそれらすべてがその地域の政治家や行政職員の能力や行動力によって支えられているのである。

それらのサービスの運営やそのための何億、何十億という予算が、日々市町村議会、都道府県議会で審議されているのである。いわばそれらの生殺与奪を握っているのは地方議会であり、地方議員なのだ。しかし私たちはそんな重要な存在である地方議会・地方議員についてあまりに知らなすぎるのではないだろうか。

地方議員の一日と一年

そこで、現役の地方議員である田所さんに、まず地方議員の一日、そして一年について教えていただいた。

田所さんのような市議会議員の一番日常的な仕事は、どの党派の議員であっても、市民の日常の困り事の解決や相談に乗ることである。従って、市町村のホームページには市町村議会議員の電話番号などが載っていることが多い。我々市民は何か地元の困りごとがあれば行政のドアをたたくが、なかなか迅速に対応してもらえないことも多い。そういう時、市議会議員に相談すると解決がスピーディだったりする。彼らにとって市民は有権者であるから、市民とのつながりを大切にしているのである。田所さんに典型的な事例を挙げてもらった。

この前訪問した家の前の道路に穴が空いていたので、「この穴いつ空いたんですか」と尋ねたら「1週間前からかな」ということ。「じゃあすぐに直すよう市に連絡します」といって、次の日に直ったら「次は夫婦で田所に票いれなきゃね」なんて感謝されるんですよ。またこういう場合、市からも感謝されるんです。市の職員が「目が行き届かなくてすみません」なんて。もしバイクがつまずくと道路の管理瑕疵で市に損害賠償請求が来ますから。

もちろん彼らの本務は市議会で予算決算や議案を審議採決することである。日程は3月、6月、9月、12月それぞれ1か月ほどである（相模原市議会は通年議会だが、実質的には他の自治体と同様）。中でも3月には予算、9月には前年度決算の審議も行うので議案が多い。市議会の会期1週間くらい前になると議案書が配られるので、議員たちは議案についての資料請求やヒアリングを市役所内の担当課に行うなどして準備し、会期中になると審議のためだいたい朝から夕方まで市役所内の議場で審議を行う。

それ以外の期間は党務（党によってさまざまだが集会や宣伝活動など）、常任委員会（相模原市では各議員が必ず1つ所属する）や特別委員会の視察、会派としての視察（昨年は北海道の旭川市市民農業体験教室や札幌市シルバーパスのシステムを視察したそうだ）などを行う。これらの費用はひと頃「号泣議員」で話題になった政務活動費から捻出するのだが、もちろんきちんと報告書を出すとのことである。

田所さんは先輩議員から市議会議員の時間の使い方について、議員活動3割、生活相談3割、党活動3割、プライベート1割と言われたことがあるそうだ。生活相談とは前述のとおり市民のさまざまな相談事を受けることだが、このところは特に生活保護関係が多いという。まず電話がかかってきたところで相談に乗り、その後市役所にきてもらって生活保護の手続きを一緒に行ったりするのだそうだ。

市議会がない時期の典型的な一日はというと、朝は週1回の頻度で7時から駅前に立って演説し、午前、午後は市内でのヒアリングや市の担当部署との折衝など、夕方からもつどいや会議があることが多いそうである。週末は毎週ではないが、地域のお祭り等の行事への参加、市の行事への参加、個別訪問等を行うそうである。

このように記述すると、これは過労死ラインを超えているのでは、というようにも思えるが、日によってかなり違うらしい。例えば旅行に行きたい時は3日間何も入れないという場合もあるそうである。ただ年始は忙しく、1日60件くらいの挨拶回りをするそうだ。もちろん議員は読書などの勉強もしなければならないが、本を読む時間は寝る前とか市役所で時間が空いた時とかで、なかなか十分に読書時間がとれないのが悩ましいという話だった。

田所さんはどのようにして議員になったのか

こういう地方議員の仕事を田所さんは天職だという。私は学生時代の田所さんを多少知ってるが、確かに学生時代とは見違えるほど活き活きとしている。とはいえ若干25歳にして議員になる人はいったいどんな人生を過ごしてきたのだろう。

田所さんの子ども時代

田所さんの父親は中小企業の経営者だったので、仕事柄地元政治はいわば仕事の一部だった。そして職住近接だったので、毎朝家族そろって食卓を囲み、ニュース番組をみては議論していたということで、日本人の平均的家庭よりは政治を身近に感じる環境であったかもしれない。

公立の小中学校時代は、曲がったことが嫌いな性格で時には教師とぶつかることもあったようだが、母親はそういう彼の一本気なところを抑えることなく、暖かく見守ってくれたそうである。そしてすでに中学生で、ＴＢＳラジオの「バトルトークラジオ　アクセス」（旬の話題や社会的な日替わりテーマについて、スタジオに専門家を呼んで、聴取者同士電話をつないで討論する生放送番組）に投稿し続けて、何回も電話出演したそうである。

高校に入ると、毎朝父親が新聞を読む時、順番がぐちゃぐちゃにならないようにホッチキスで留めて読んでもらい、その新聞を持って電車に乗り込み、ラジオを聴きながら新聞を読んで通学する高校生だった（その新聞は捨てずに持って帰ると、今度は母親が読んだのだという）。

政治マインドを培った高校時代

田所さんは、自分の政治的な人間形成のベースとなったのは高校時代だと自己分析している。彼の出身はまだ男子校だった法政大学第二高校（以下、二高）であった。二高は法政大学の付属校であるため、受験校に比べると受験対策に拘束されない教育が展開されていた。

物事について自分自身の考え方を持つということにとって、この時代の経験が大きかったという。長いレポートも書かされたりしたので、大学に入ってもレポートは全く苦にならなかったらしい。高校3年生の3学期。社会学部進学のクラスはハンセン病の国立療養所多磨全生園に全員で行った。この施設の生垣が柊（ヒイラギ）になっていた。入所者が逃げられないようになっていたのだ。先生たちが生徒に深く考えさせる授業をやっていたという。

田所さんは3年生の時、二高の生徒会会長だった。生徒会に入った理由がいかにも高校生だ。田所さんは入学する前には、部活は吹奏楽部に入ろうと思っていたが、実際は生徒会へ。二高では入学直後の1週間くらい、生徒会の役員が新入生に付き添って学校生活のガイダンスをすることになっている。その時案内担当だった生徒会の役員の人がかっこよかった、ただそれだけのことだそうだ。そして田所さんは2年生の時二高祭（文化祭）実行委員長をやり、3年生で生徒会長になった。

田所さんの高校時代はまさに生徒会活動一色だった。朝7時半ごろに生徒会室に入り、放課後も9時ごろまで生徒会室に入り浸っていた。同級生にそんな大変なことよくやるね、と言われたそうだが、損得ずくではなく、それだけやって二高祭が成功したらすごくうれしい、ただそれだけだった。

二高は卒業式も一風変わっている。2部構成になっていて、1部が生徒会の時間、2部が普通の式典なのだそうだ。1部では生徒会で企画を募って、文化祭のような出し物が出てくる。クラスによっては文化祭の続きのダンスをやったり、弾き語りをやったりする人もいる。保護者はちゃんと着席している。それで一度生徒が退場し、その後卒業生入場となる。普通の学校では式典が先だと思うが、それも二高の自由な校風のなせる業なのだろう。そんな卒業式も生徒会の一大行事だった。

田所さんは生徒会の改革者でもあった。それまで生徒会は権威主義的なところがあったそうだが、彼の代でそれをやめ、1年生も気軽に会長にものを頼んだりできるような風通しのいい生徒会に変えていった。会長の年の生徒会の活動方針は「チャレンジ！〜一人ひとりが『主役』の生徒会活動を〜」というものだった。当時の二高は1学年が14クラスの大規模な高校だったので、全員集まっての生徒総会ができなかった。なので代議員を選挙で選び、代議員大会を行う。毎年度の活動方針はその代議員大会で可決する必要がある。この時この活動方針について田所さんは絵本の『スイミー』（小さな魚たちがまとまって泳いで、大きな魚に立ち向かう物語）を例に出して説明したのだそうだ。

この活動方針案をつくるために生徒会メンバーと生徒会担当の先生たちとで合宿をやる。「ふつうドラマでは主役は1人だろう、一人一人が主役ってどういうことだ」というように先生から容赦なくいじわるな質問が飛んでくる。そうやって案を説得力のあるものにしていく。田所さんは、このように一つ一つ議論して決めていく活動の中で民主主義を学んだという。民主主義には時間がかかる。最終的に採決をするけれど、その過程の議論が大事なんだと。

そして民主主義的な討議では、時に議論が紛糾し、出口がわからなくなる場合もある。そういう時議論をうまく回収する技は、日々議論を尽くして物事を決めていくという経験の中で培われ磨かれていくものだろう。田所さんが生徒会長の時代、代議員大会で後輩の2年生の二高祭実行委員長が質疑を行っていた時のことである。意見が矢のように飛んできて、質疑に慣れていない実行委員長はその意見に応戦できなくなっていた。生徒会長の田所さんは壇上にすわっていたが、実行委員長に対する質疑であるから横から口を出していいものかどうか迷っていた。その時田所さんのところに先生からの伝令が飛んできた。渡されたメモを開くと、一言「お前が答えろ」と書いてあった。そこで田所さんは「えー、皆さんのご意見を踏まえ、今後検討していきたいと思います」とその場を押さえた。これをみていた1年生の時の担任の故・請園裕美子先生に、「あなたは将来政治家になるべき」と言われたそうである。

こうやって日々高校生活の課題解決の先頭に立つ生徒会活動によって、もともと議論好きだった田所少年は、現場対応に必要な柔軟性も身に付けていった。こんな話もある。二高の文化祭は、他の学校のようにお店を出すのではなく、全部のクラスがステージ企画だった。各教室に照明や演台を持ち込んでそれぞれ舞台をつくって演劇などを行う。各クラスは競って趣向をこらした出し物を観客に披露するという形だ。その頃は二高祭期間になんと2万人もの来場者があったそうで、多くは女子高生だったらしい。

その準備の時には、演台を頼み忘れた、サイズを間違ったというようなクラスも出てくる。しかもそれが演台の在庫がもうはけてしまった後だったりする。そういう時の対応について田所さんは、各学年担当の生徒会の役員に「もう演台はないよ、と言って返すな」と指示していたそうだ。田所さんは、先輩から演台が足りない場合、『少年ジャンプ』のような漫画雑誌を家から持ってきて床に並べ、高さを調整してその上に合板を敷けば演台になる、ということを伝え聞いていたそうだ。その時はこういう方法もあるよと寄り添って一緒に解決してやれ、と後輩たちに指示したのだ。これこそまさに市井における政治ではないだろうか。

長いトンネルに入った大学・サラリーマン・大学院時代

ここまでの田所さんの人生を聴く限り、すぐに政治家を目指してもおかしくなさそうだが、実際はかなり違っていた。大学に進学した後、田所さんは人生の迷路をさまよい歩くことになってしまうのである。確かに社会学部に入学した後、はじめは政治学のゼミに入り、大学２年の時、ゼミで田中康夫に会いに行き、その繋がりで田中康夫の新党日本の党本部で学生インターンをやっていたこともあった。これはなかなか面白かったので、今でもよく覚えているという。にもかかわらず政治家を職業にするということは、当時全く考えていなかった。その時点では政治家という職業は「特別」な人がやるものだと思っていた。できればお金儲けではなく、社会の役に立ち、その結果収入が入ってくるのがベストだと。なぜかそれが政治家と結びつかなかった。就職活動をするうえで、「社会の役に立つ」ことを第一に考えていた。

大学ではサークルに入らず、鉄道好きが高じて小田急電鉄の駅員のバイトをやっていた。バイトとはいえ、駅員としてさまざまな修羅場に関わることになる。乗客の喧嘩を止めに入ったが、すでに女性客のルイ・ヴィトンのバッグがビリビリにやぶれていたとか、親子喧嘩した中学生が線路に横たわり、母親が血相変えて駅に駆け込んできたとか、そこでいろんな人間模様を目の当たりにした。人間好きの田所さんにはそういう仕事は向いていたのかもしれない。訳あって３年からは中国研究のゼミにかわり、４年では中国語の上級クラスをとって中国語が面白くなった。

ではなぜサラリーマンになったのか。何事もクリアカットに答えてくれる田所さんだが、そこについては何か強い動機があるわけではないという。政治を志すきっかけは3年生だった2011年3月の東日本大震災だったという。しかし東日本大震災をきっかけに政治活動を始めたわけではない。むしろ価値観を揺さぶられ、人生の迷路に迷い込むきっかけになったようにみえる。

その頃田所さんはマスコミ就活の真っ最中だった。どうしてもマスコミに行きたかったというわけではなかったが、マスコミは就職活動が動き出すのが早かったので、何社も受けていた。高校時代の話から彼の資質を想像すればわかるように、そこそこ善戦していたそうだ。そしてある大手ラジオ局の最終面接までいったところで、東日本大震災が起こった。その時のマスコミ報道に失望した。そしてマスコミに行く気を全く失ってしまった。その気持ちが伝わったのか結局1社も内定がとれなかった。今でもマスコミに就職しなかったことは後悔していないという。しかしだからといって政治家になろうという気も毛頭なかった。

結局、電車がもともと好きだったので、鉄道は社会インフラの一つであり、鉄道関係の仕事は「社会の役に立つ」と無理やり自分の中で結び付けて、鉄道の信号機の会社に就職した。どちらかといえば就職できればいいやと。大企業に行くのは嫌だった。しかし入社してからわずか1週間後にはサラリーマン生活をそのまま続けていくことに希望を見いだせなくなっていた。実は卒業間際に、習得した中国語を活かしてみようと親に頼み込んで2週間中国雲南省の大学に短期留学した。中国といっても雲南省は北京とはまるで別世界である。人々の生活がとにかくのんびりしている。そういう世界に触れ、日本の忙しい生活って何なんだ、という気持ちを持ち帰ってきてしまった。その流れで4月を迎えていたのだ。

サラリーマンになってからは、毎朝5時に起き、5時半には自転車で最寄り駅まで行き、電車で座るために20分間ホームで並ぶ。座ったら周りは毎日みんな同じ顔である。そしてまだ月曜日なのに、電車に座ったとたんにみんな居眠りを始める。あーあと40年こういう生活が続くのか、と思ったら心が暗く沈んだ。「このままでいいのか」とずっとモヤモヤしていた。実は現在では踏切の新設が法律で禁止になっていて、業界的にも熱気が感じられなかった。営業職だったので比較的自由がきき、出社したらちょっとデスクワークをして、営業先に顔をちょっと出しただけで、その後は街をブラつくこともあった。自分にはこの生活は合わないと思った。このままだと職場に行けなくなると思い、大学の時の指導教授に相談したら、大学院進学という選択肢を提示された。「これならば1年で辞めても、親も納得をする」と思い、大学院を受験した。そして1年でサラリーマン生活に別れを告げた。

一橋大学の大学院に入った。しかし思いのほかタフな大学院生活を強いられ、ほどなく大学に行けなくなった。つまり不登校になった。家にいると親にバレるので、家をでて大学に行かず放浪する毎日だった。唯一通っていたのは毎週金曜日の学生相談室だった。5月末くらいから行き出した。結局1年で大学院を辞めることになるのだが、辞める前に挨拶にいった時に、学生相談室のカウンセラーに「最初ここに来た時には自殺する寸前の顔だった」といわれた。学生診療所では睡眠薬をもらった。髪の毛を抜くのが癖になっていた。実際、自分自身がどうやって毎回相談室にたどり着いていたのかさえも覚えていない。ただその相談室に話をしに行くのは楽しみだった。カウンセラーに「来るたびに表情が変わっていった」と言われたそうだ。だから大学院時代は自分が何を考えていたかは正直憶えていない。記憶がないということだった。結構重症の抑うつ状態だったのかもしれない。とはいえ、今思えば自分を見つめなおす上で有意義な期間だったと田所さんはふり返る。

そして政治の世界へ

ちょうどそんな極限状態の中、大学院の夏（２０１３年）に参議院選挙があり、その時にいろいろなｗｅｂサイトに政党マッチングというものが登場していたらしい。そういうサイトは大抵質問項目を設け、それに対してＹｅｓかＮｏかを選択していったら特定の政党にたどり着くようになっている。田所さんもそういうサイトにアクセスしては、何気なく質問に答えていった。そうするとだいたいいつも二つくらいの党に行きついたそうだ。そして参議院選挙後のある日その一つの党のホームページを開き、綱領が書いてあったので、ちょっとおもしろそうだと思って、党の本部にメールを書いた。あなたの党に興味があります、と。そうしたらすぐに地元組織に連絡がいって、そこからちょっとお話ししませんか、という連絡がきた。

そこからはあれよあれよと気が付いたら党員になっていた。ちょうど田所さんと同じくらいの世代の人たちの支部に属したが、その時彼は「ああ、ここが居場所だな」と思ったという。両親には党員になったことを隠していた。大学院の学費を払ってもらっていながら、大学に行かず、政治活動をやっていたことが後ろめたかったのかもしれない。しかし両親は彼が政治活動をしていることに気が付いていたようだ。ある日彼が家を出ようとすると、母親に「今日はどこに運動にいくの」と尋ねられたという。田所さんは冗談めかして、厭味ったらしく言われたと語ったが、その頃蒼白い顔をした息子が毎日フラフラ出かけていくのを母親がどんな思いで送り出していたかと思うと、私は同じ人の親として心が痛む。

とにもかくにも居場所を見つけたことは彼にとっては大きな救いだった。彼は徐々に活動する意欲を取り戻していった。そして翌年3月には党の職員となり、3月末で大学院を辞め、その4月にはもう次の市議会議員選挙への立候補の打診を受けていた。当時まだ24歳だった。その時まだ勉強させてほしいと言ったが、若いからこそ魅力があるんだと猛プッシュを受けたそうだ。結局立候補することを受け入れて、相模原市緑区に一人暮らしを始め、そして翌年、２０１５年の相模原市議会議員選挙に出馬し、４４６１票を得て当選した。

25歳で議員になるということ

田所さんはこうして25歳にして市議会議員となった。しかし彼は立候補要請を受けた時に随分悩んだのだそうである。これまでみてきたように、彼が政治マインドを持った若者であったことは誰の目にも明らかである。党にとっては絶好の候補予定者に映ったことだろう。しかし当時人生が難破しかかっていた彼が、フラフラと政党のホームページを頼りに吸い付けられるように党員になった時に求めていたのは、職業として政治を選ぶということではなかった。田所さん自身はその頃のことをよく憶えていないから確たる話は聞けなかったが、彼が求めていたのは、おそらく同じ世代の似通った考え方を持つ人たちと政治を語らい、心を通わせるということだったに違いない。

逆に言えば、職業政治家になりたいと思う若者は、まず政治マインドを身につけておくということがとても重要なのではないだろうか。ここで政治マインドといっているのは、物事を深く考え自分の意見を持ち、社会的な課題を解決するべく民主的に討議し、また行動できる人ということである。

就職先としての政党をドライに分析すると……

田所さんは、議員になること自体を熱望している人たちをあまり信用できないという。社会の問題を憂い、何とかしたいと思い、やむに已まれぬ思いで政治を志したその先に議員があるのだというピュアな思いなのだろう。とはいえ実際に「選挙に落ちればただの人」とは言わないまでも、政治家にも生活がある。しかし自分の政治的信念は貫きたい。そういう思いはだれしもあるだろう。

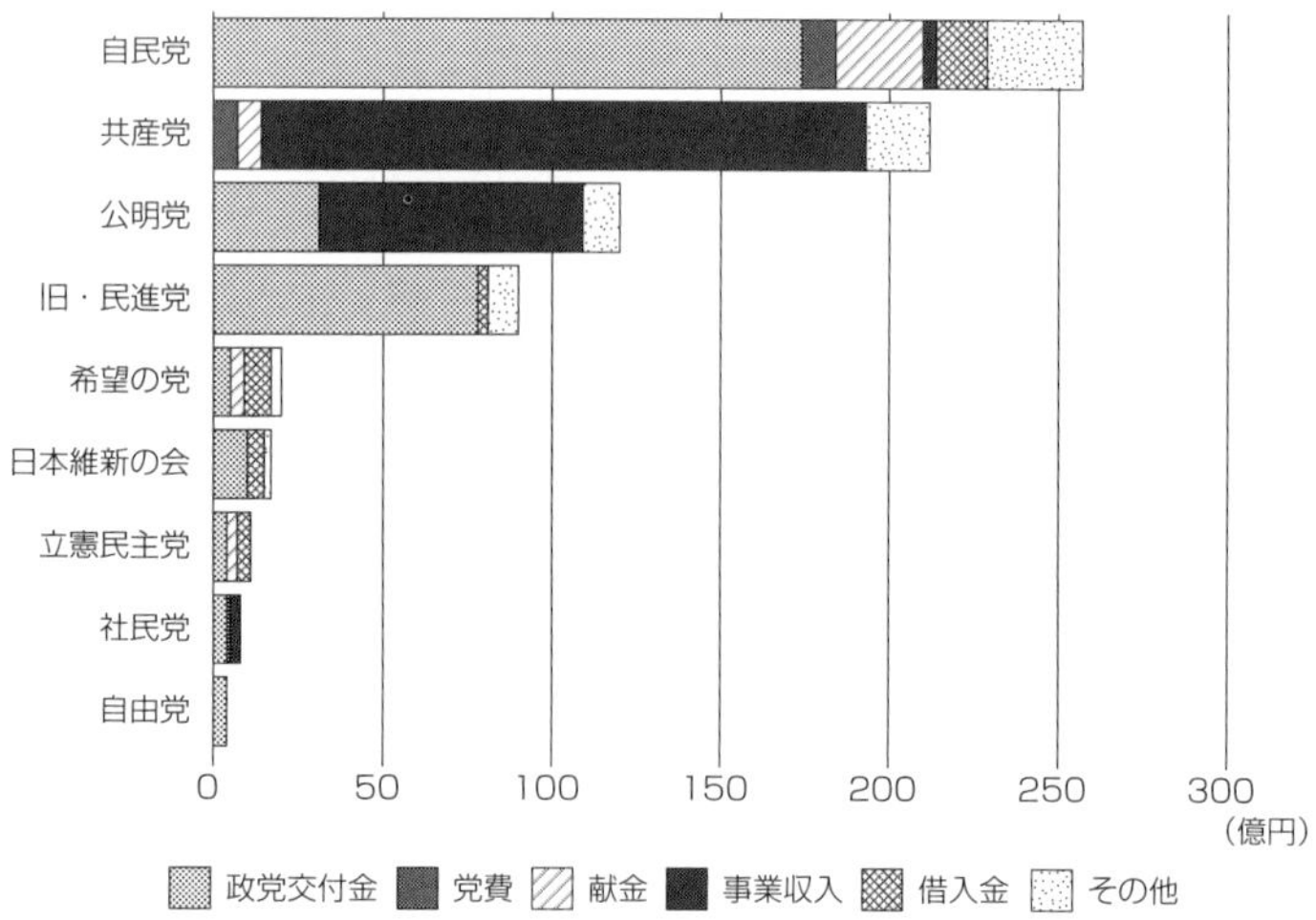

図１　政党の収入内訳

出典：nippon com　政治資金収支報告（総務大臣届出）のデータを基に作成
https://www.nippon.com/ja/japan-data/h00373/

ここで少しドライに、政治家の所属先としての政党をお金の面から分析してみよう。図１は２０１７年の各政党が収入をどこから調達しているかの内訳を棒グラフにしたものである。政党はおおざっぱにいうと資金調達の仕方から二つのタイプに分けられるということがわかる。ひとつは事業収入が党の財政を支えている政党、具体的に言えば日本共産党（しんぶん赤旗）や公明党（公明新聞等）のように機関紙の売上が収入の大部分を占める政党である。もう一つは自民党や立憲民主党のように、政党交付金や党費（党員が納めるお金）が収入の多くを占める政党である。

政党交付金とは、各政党が政治献金に縛られず公正な活動を行えるように、所属する国会議員の数などによって決められた額を国から政党に交付するお金のことである。つまり後者の政党は国会議員の数が多ければ多いほど経済的に潤う政党である。逆にいうと選挙に負けて議員の数が減ったり、党員の数が減ったりすると、党としての財政運営が困難になる。そういう意味で人気が支えになっているという不安定性を抱えている。他方で議員自身が党の収入を稼ぎ出しているから、議員が自らの政策を党の方向性に反映させる発言力は大きいと考えられる。ただし自民党は企業団体献金も多く受けており、こうした支持団体の利害を重視しがちになるだろう。

他方、機関紙収入が党の懐を支えている政党は、多少議員の数が減っても財政に影響が少ない（日本共産党は政党交付金を受け取っていないので全く影響がない）。選挙に落ちた人も党の職員といった形で雇用されていたりする。しかし組織として安定している分、その党独特のお家事情が個々の議員の政策や行動を制約する部分も当然あるとみてよいだろう。

私たちが政治参加する手段は？

イーストンは、政治を「社会の諸価値」の「権威的な配分」と述べている。[1] 田所さんは結局それを直接行う政治家になった。しかし私たちのほとんどは「職業としての政治」を選ばない。だからといって私たちは私たちのための政治を実現するということに無力であるわけではない。では私たちは何をすれば自分たちの政治を実現することができるのか。

地方議会の議論をチェックしよう

まずは地元自治体の政治や行政について気になることがあれば、自治体の広報誌などでどうなっているのかチェックしてみる。新聞に折り込まれて配布されているが、新聞をとっていなくても最近は自治体のｗｅｂサイトから広報誌を読むことができる。さらにリアルタイムの動きをつかもうと思えば議会を傍聴することができる。議会は基本的に誰でも当日受付をすませれば傍聴することができる。しかしわざわざ議場に足を運ばなくても、最近は自治体のｗｅｂサイトにアクセスすれば議会のインターネット中継をみることができる自治体が多くなっている。また過去の議会の議事録も自治体のｗｅｂサイトで検索することができる。このような情報からリアルタイムの自治体政治を知ることができる。それと同時に地方議員の活動や人となりも知ることができるのである。

地域の問題を解決したい場合

もっと積極的に自治体に働きかける必要が生じた場合はどうしたらよいだろうか。その時は議会に陳情や請願を行う。決して難しいことではない。「駅前に駐輪場を設置してほしい」といった近所の困り事だって陳情の対象になるのである。要は自分たちが実現してほしいことを書いて議会に話し合ってもらう手段と考えてよい。その際に署名を募って、多くの市民の声として陳情すればより効果的である。これらのやり方についても自治体のwebサイトに載っている。その陳情が議会で採択されれば、行政はそれを行わなければならない。陳情や請願を行うような場合はその分野に明るそうな議員に相談を持ちかけるとスムーズに事が運ぶだろう。

選挙権――最も基本的な権利行使

しかし議会での審議や陳情・請願も、議員の質によって結果が左右されることは言うまでもない。選挙で質の良い政治家を議会に送り込むこと、それこそが私たちがもっとも直接的に政治に関与できる機会なのである。とはいえ誰に投票したらよいかよくわからないから投票所に足が向かない、という人も多いと思う。誰に投票したらよいか検討するためにはどうしたらよいだろうか。

まずは選挙公報をみてみよう。公職選挙法で投票日の2日前までに有権者に届けなければならないことになっているが、都道府県の選挙管理委員会や市町村のwebサイトでも確認することができる。一人の候補者に割り当てられたスペースは小さいが、候補者から届けられた原稿がそのまま印刷されているので、その内容だけでなく、字の大きさや書き方にも結構個性がある。手書きの候補者もいる。検討の第一歩となるだろう。より多くの情報を得たい場合、候補者はたいてい自分のホームページやTwitterなどで活動報告を行っているので、そこにアクセスしてみよう。また選挙期間中はポスターなどに演説の日時や場所が書いてある場合も多いので、そこに足を運べば直接候補者の声を聴くことができる。

さらに、自分が地元の特定の問題に関心があり運動などを行っている場合、全候補者に向けて公開質問状を送付するという手もある。回答が得られるかどうかは候補者によるが、それも含めて、候補者がその問題をどのくらい重要視しているのか、どのような考え方を持っているのかを具体的に知ることができる。

選挙で特定の候補者を応援したい場合

この候補者がいいと思って投票しても、その候補者が当選しなければ、自分の思いを政治に反映させてもらえない。自分の1票だけでは足りないと思ったら、選挙運動をするという手もある。選挙運動は支援者によるボランティアな活動である。もし特定の候補（予定）者を応援したくなったら、その候補（予定）者の個人事務所や選挙事務所を訪ねてみよう。候補（予定）者や選挙情勢についてより多くの情報を得ることができる。また時期によっては配布可能なチラシが備えてある場合もあるので、それをポスティングしたり、手渡ししたりするのも候補（予定）者の知名度アップに貢献する。また候補（予定）者のポスターを自宅の塀などに貼らせてあげる、看板を置かせてあげるというのも候補（予定）者にとってはありがたいことである。

選挙期間に突入すると、選挙カーに乗って白い手袋での手ふりや応援演説の機会もあるかもしれない。電話をかけて投票を呼びかけるようなボランティアもある。事務所の手伝いのような裏方もある。

そんなことは気が引けるという場合は、もっと手軽に、SNSを使って知人に候補（予定者）を推薦することもできるだろう。もっとアナログに、知り合いを何人か集めて候補（予定）者を招いて話を聞くといった形の応援の仕方もある。

いやいや、どれも小心者の自分には荷が重いと思ったら、ただ選挙カーに向かって手を振ったり、「がんばってください」と一声かけるだけだって立派な応援である。

おわりに

マスコミにほとんど取り上げられることのない地方議会や地方議員について、現役の市議会議員の田所さんの人生や日常の活動なども交えながら紹介してきた。2017年の篠原涼子主演のドラマ『民衆の敵――世の中、おかしくないですか⁉』でも紹介されたように、私たちの住む町の地方議会でも日々さまざまなドラマが展開されているのである。ぜひ一人でも多くの市民の情報のアンテナが、地方議会・地方政治に向けられることを期待したい。

田所さんはインタビューの中で、自分の周りの議員について、議員になりたいと思って議員になったわけではない人が多いと言っていた。おそらくそういう人々は周りから乞われて立候補したのだろう。田所さんと同じように日々のさまざまな生活の中で、政治マインドをもって行動していたら、ある時あるところで政治家が必要になり、周りから押し上げられて腹をくって立候補した、ということだと思う。つまり政治家になるということは単なる職業選択の一つではないということだ。このことから、政治を志す人は何をすべきかということがみえてくるだろう。常に社会に目を向け、深く考え、自分の意見を持って行動することが重要なのである。

政治は決して遠くにあるものではない。私たちの日常生活がまさに政治の場であるということに気づくことから、私たちの政治実践が始まるのではないだろうか。

注

1　デヴィット・イーストン著、山川雄巳訳『政治体系——政治学の状態への探究』ぺりかん社、1976年、137頁。

PART Ⅲ　社会問題に巻き込まれていく時

第6章
保育園民営化問題に直面して

島本美保子

はじめに

「社会の中で生きる」というと職業生活を想起されることが多いが、社会生活には他にもさまざまな側面があり、問題に直面することも少なくない。例えば共働きで保育園に子どもを預けようとしても施設が不足してなかなか預けられない。近隣に汚染が懸念されるようなゴミ処理施設の建設計画が持ち上がる。そしてこのような問題が往々にして住民運動に発展することもある。つまり社会問題は自ら望んでいないのに突然降りかかってくるものなのである。

ではその時どうするのか。政府のやることに間違いはないからと、理不尽な状況にもひたすら耐えるのか。それとも現状の改善を求めて社会運動を起こすのか。職業生活を常に優先し、また自己の権利を主張することに慣れていない現代の日本人には厳しい選択である。

本章では、突然降ってわいた社会問題に対峙した筆者の体験から、社会運動を行うことのハードルを少しでも低くするために知っておいてほしいさまざまな教訓を伝えたい。

突然の父母会役員と民営化計画

大学の専任教員という職業は、学生の教育の時間以外は研究活動を進めなければならないため、時間と精神力のかなりの部分を仕事に投入する日常になってしまう。筆者は2人の子どもたちを0歳から保育園に預けていたが、正直なところ、それまで父母会等の活動に積極的に参加してはいなかった。しかし上の子が年長になった2005年度、くじ引きの結果いわば仕方なく父母会役員を引き受けることになった。ちょうどこの頃、筆者の住む自治体では公立保育園の民営化計画が持ち上がろうとしていた。そしてそこから4年間保育園民営化反対運動に奔走することになるのである。

保育園とはどういう施設か

ここで保育園問題を考える場合に必要な最低限の知識をインプットしておこう。まず幼稚園と保育園の違いはなんだろうか。幼稚園は幼児教育を行う教育機関である。他方で保育園（法律的には保育所と呼ぶ）は児童福祉法第24条に定められているように、保護者の労働や疾病のため乳児、幼児、児童の保育に欠ける場合保育する施設である。つまり保護者が働いている間代わりに育ててもらう施設ということである。幼稚園教諭は教育者であって、幼稚園は教育の場なのに対し、保育園の保育士はいわば昼間のお母さんなのであり、保育園は子どもたちの生活の場である。

保育園は児童福祉法第45条に基づく児童福祉施設最低基準によって、保育施設の園児1人当たりの必要面積や保育士の配置基準などが決められている。この基準を満たしたものが認可保育園と呼ばれる。

この最低基準さえクリアすればよい保育園なのか、というと必ずしもそうとは言えない。保育園が単に子どもを「預かる」施設ではなく、子どもを「育てる」施設として機能するように、厚生労働省のガイドラインとして「保育所保育指針」が定められている。これには乳幼児の発達過程、保育内容について具体的な方針が示されている。その中で保育の目標として次の諸項目が掲げられている。

（ア）十分に養護の行き届いた環境の下に、くつろいだ雰囲気の中で子どもの様々な欲求を満たし、生命の保持及び情緒の安定を図ること。

（イ）健康、安全など生活に必要な基本的な習慣や態度を養い、心身の健康の基礎を培うこと。

（ウ）人との関わりの中で、人に対する愛情と信頼感、そして人権を大切にする心を育てるとともに、自主、自立及び協調の態度を養い、道徳性の芽生えを培うこと。

（エ）生命、自然及び社会の事象についての興味や関心を育て、それらに対する豊かな心情や思考力の芽生えを培うこと。

（オ）生活の中で、言葉への興味や関心を育て、話したり、聞いたり、相手の話を理解しようとするなど、言葉の豊かさを養うこと。

（カ）様々な体験を通して、豊かな感性や表現力を育み、創造性の芽生えを培うこと。

つまり「保育の質が高い」とはこのような目標がより良く達成されていることを意味する。そしてこの目標に沿った保育を行おうとすれば、必然的に保育の専門家としての保育士の量と質の確保が最重要な課題となる。

保育園の民営化問題とは何か

では保育園の民営化とはどのような問題なのか。まず公立保育園と民間保育園の違いをみてみよう。児童福祉法により、保育サービスを提供する責任は市町村にある。そして保育園が公立であろうと民間（これまでは主に社会福祉法人）であろうと、保育料は親の所得によって基本的には同じ水準に決まっている。しかも都市部では普通申込み数が受け入れ枠を上回るので、自治体が親の希望を聞きながら、公立民間にかかわらずどこの保育園に通わせるか振り分けるというシステムになっている。では何が違うかというと、公立保育園の正規の保育士は公務員であり、民間保育園は公務員でないということである。このことが保育園を民営化した時に二種類の問題を引き起こす。

一つは保育園を民営化する過程で起こる問題である。民営化によって自治体は公務員である保育士を引き揚げてしまうので、保育士が基本的に全員入れ替わる。前述のとおり保育園に通う子どもたちにとって保育士はいわば昼間のお母さんであり、それがある日を境に全員替わることによる子どもたちの衝撃は計り知れない。例えばほうんネット（２００７）によると、保護者が自治体を訴え勝訴した大阪府大東市の上三箇保育園では、民営化後保育所へ行きたがらない、行っても泣きじゃくる子どもや保育所をやめると言い出す子どもが特に年齢の高い子を中心に続出した。保育の引き継ぎの過程で安全管理上の問題も発生しがちである。垣内（２００６）によると、上記の上三箇保育園の高裁判決では「新保育所では当初、けがをする子が多く、保育士の知らない間に子どもが家に戻る（傍点は筆者）など混乱が生じた」ことを認定している。横浜市の保育園民営化裁判の原告である佐藤正勝氏によると、しばしばこのような子どもの〝脱走〟が起こるという。

また民営化後の保育士たちも厳しい状況の中で疲弊し、保育士の交代や事件が多発する。垣内（２００６）によると、２００４年に（株）日本デイケアセンターに委託した西蒲田保育園では「配置基準保育士数22名中、２００４年1月から3月の引きつぎ期間に10人が退職、同年４月から２００５年3月までの1年間に20人が退職」した。またその間に保育士が言うことを聞かない子を洗濯部屋に閉じ込めた、担任保育士が頭を拳骨でたたいたという告発もあり、一説には約半数ともいわれる園児の集団転園が起こった。

もう一つは保育の質の問題である。保育園経営のコストの9割が人件費であり、民間保育園だからといっても、質を保とうとすればコスト削減は困難である。保育士の専門性は経験によってレベルアップするもので、0歳児から5歳児までを2回ずつ担当して一人前といわれる。しかし年齢とともに給与も上がるので、コストを抑えようとすれば、経験の浅い若い保育士しか雇えない。またコストカットのために勤務条件を厳しくすれば上記の例のように短期間で保育士が入れ替わるという方向に向かう。従ってコストカットを目指して民営化を進めていけばマクロ的に徐々に保育の質が低下していくと考えられる。垣内（２００６）によると、全国の公立保育園の保育士の平均年齢は37歳、民間保育園は31・４歳とやはり民間の方が5歳以上若く、給与も公立保育園の約7割にとどまっているのである。

保育園民営化の背景

ではこのようなコストカット型の保育園民営化を軸にした保育行政が全国の自治体で推進されるようになった背景はどのようなものだろうか。二宮（２００３）によると、それは小泉構造改革の中で閣議決定された２００１年の「待機児ゼロ作戦」、同年に行われた児童福祉法の一部改正に保育の民間活力路線の推進が盛り込まれたことから始まる。

またほぼ同時に財政面の締めつけも行われる。２００２年地方分権改革推進会議によって保育所に対する国庫負担金の廃止とその一般財源化が打ち出され、２００４年度から公立保育所運営費負担金の一般財源化が行われた。関口（２００６）によると、この改革によって公立保育所運営費の確保が難しくなったという自治体が、アンケート調査対象の自治体の61・１％に達したということである。

そして筆者の自治体で、財源問題以上に民営化路線に踏み切る契機になったと考えられるのが、地方公務員の定員削減問題である。２００５年総務省が発表した「地方公共団体における行政改革の推進のための新たな指針」の中に定員管理の適正化という項目がある。そこには「過去５年間の地方公共団体の総定員の状況は、各団体の努力により４・６％（平成11年から平成16年）純減している。今後は……過去の実績を上回る総定員の純減を図る必要がある。各地方公共団体においては……明確な数値目標を設定すること」と書かれている。このような方針のもと、大量の定員削減が可能な分野として各自治体がターゲットとしたのが現業公務員である清掃職員と保育士であった。そのため自治体は職員の新規採用にあたって保育士枠ではなく一般事務の枠で保育士を採用し、保育園民営化とともに事務職に転換させ、公立保育園の保育士を純減させていく作戦に出たのである。

以上のように、一方で他の行政分野以上に人・カネの両方の配分を縮小しながら、少子化対策として保育サービスを充実させよ、という非常に矛盾した方針と、保育サービスという新たな分野への新規参入を狙う企業の思惑に後押しされ、拙速な保育園民営化が推進された。その結果、上述のようにそのしわ寄せは保育園に通う子どもたちを直撃し、彼らの心と体を傷つけることになってしまったのである。

待機児問題と保育園民営化

授業の中で、学生に保育園民営化に対する意見を尋ねると、「待機児解消のためには仕方がないのではないか」という意見に遭遇することが少なくない。しかし保育園の運営費用の多くは人件費であり、民営化によって削減された経費は人件費なのである。コストカット型の保育園民営化が進み、保育士の労働条件が悪化したため、保育士資格を持つ人がたくさんいるのに、保育士が不足し社会問題になっている。つまり保育園民営化は待機児解消に逆行する政策なのである。

「民営化すれば競争が促されて保育の質が上がるのでは」という意見も耳にする。経済学者として一言言いたい。保育事業は基本的に地域寡占である。競争市場は成立しない。小さな子どもたちを毎日預けて仕事をするのに、いくら質が高い保育園があったとしても、1時間もかけて通園させるわけにはいかないのである。おまけに保育を提供する側（保育園）と、保育を受ける側（保護者）との間では提供されるサービスについて歴然たる情報差がある。つまり経済学でいう「情報が非対称」なケースであり、これは市場の失敗、つまり市場競争がうまくいかない典型的なケースである。

保育園民営化問題で立ち上がる——学習をベースにした議論の大切さ

さて以上のようなことをインプットした上で、今度は筆者の保育園民営化反対運動の経験から社会運動初心者が社会運動に一歩踏み出す時に知っておいてほしい知識やノウハウを紹介していきたいと思う。

筆者の自治体で保育園民営化計画が持ち上がろうとしていた２００５年、上述のような整理された情報がまだない頃である。一通りの知識さえ、我々父母会役員は全く持ち合わせていなかった。そこで父母会の定例の業務の合間にまず保育園の民営化についての学習から始めた。この「自分で調べる」という作業は運動を起こすにあたって最も重要なことである。今ほどインターネットが発達していない頃で、役員たちは分担して、保育雑誌や書籍を調べた。

ある時、全国で保育園民営化についての講演活動を展開していた明星大学の垣内国光先生（専門は保育政策）の保育園民営化についての講演会の情報を得て、何人かで聞きに行った。垣内先生の講演で印象的だったのは「日本の保育園は食う、寝る、遊ぶが同じ部屋。スウェーデンではちゃんと食堂や寝室が別になっています」という話だった。日本では保育園に預かってさえもらえれば、という保護者も多い。しかし将来を担う子どもたちが過ごすために十分な環境を要求する権利と義務が保護者にはあるのだ、という権利意識を目覚めさせてくれる講演だった。

そのような学習と並行して、これから父母会として保育園民営化問題に積極的に取り組むべきかどうか、父母会員の意見を聞こうということで意見交換会を行った。そこで出てきた意見は千差万別だった。ある人は「自分は以前隣の自治体の私立保育園に通わせていた。そこの保育内容はとてもよかったので、民営化してもいいんじゃないかと思う」という意見だった。逆に「自分は民間保育園から転園してきた。保育内容に不満があった。やっぱり公立はいいと思う」という人もいた。「今や鉄道も郵政も民営化だし、しかたがないんじゃないか」という意見もあった。どの意見も自らの経験やあいまいな知識のみから結論をダイレクトに導いていた。一人一人経験は異なるのだから必然的に意見はバラバラであった。この会議はもともと結論を出そうというものではなかったので、結論には至らないまま散会した。

筆者はこの時、さまざまな背景をもつ社会人同士のコミュニティでの議論の難しさを痛感した。お互いが自らの経験知のみをぶつけ合う議論は非常に危うい。学生と違って社会人の場合は自分の経験を確かなものと信じる傾向が強く、ある意味でさらに始末が悪い。社会問題一般に言えることだが、幅広く数多くの事例から導かれるその問題の全体像や問題の構造についてある程度の知識がないと正しい判断を行うことは難しい。学習会などによる知識の共有を行った上で議論を行うことが大切になってくるのだ。

他方で断片的な知識ではあったが、ある程度の学習を進めていた父母会役員たちで、役員としてはこの問題にどう取り組むか、という話し合いを持った。役員の中には、「市役所のやることに大きな間違いがあるわけがないから、市に盾を突くべきではない」という意見もあった。民営化されるのは自分たちの子どもが卒園した後だということも我々役員の心の葛藤のもととなった。保育園の保護者たちはただでさえ普段自分の子どもたちと接する時間が少ない。今後の困難な道のりで自分たちの子どもを犠牲にするのではないかと思うととても不安であった。しかし断片的な学習からも、それまでの保育園民営化に直面した子どもたちが大きな精神的・肉体的しわ寄せを受けていることがわかってきていた。

また筆者も他の役員も子どもたちの通っている公立保育園の保育の質の高さをかなり評価していた。実際この園の給食が後に都知事賞をとったこともあった。保育士や栄養士の方はまさに保育のプロであった。しかし考えてみれば、このような上質な保育サービスを実現したのは、過去の保育士や保護者たちの努力の成果である。その恩恵を後につないでいかなければ将来の子どもたちの育ちは保証の限りでない。自分の子どものことでないから関係ないというわけにはいかない、という意見が優勢になり、最終的に役員たちは保育園民営化問題に積極的に取り組むことになった。学習を基盤とした議論から生まれた、大人として広く子どもたちの保育環境を守るべきという社会的な視点は、この後4年間我々を支え続けた。

広がっていく運動

父母会の役員の仕事は1年任期だったが、2006年度に入って筆者たちは各公立保育園の父母会からの委員で構成されている市内の公立保育園父母会連合会に活動の場を広げ、プロジェクトチームをつくってこの問題に取り組んだ。中には保育園の民営化に大きな懸念を持っている他の公立保育園の保護者もいて、プロジェクトチームに参加してくれた。

ある時、市の保育園の改革計画の委員会を傍聴できるという話を聞いて傍聴に出かけたが、傍聴など迷惑という対応で傍聴者には資料なども配られなかった。また議論の内容もきちんとした調査やデータに基づいたものとは言い難いものだった。この時それまでなんとなく我々の中にあった市への不審感に火がついた。

まもなく2006年6月「保育園等改革計画素案」が発表され、わずか2週間のパブリックコメントの期間が設定された。この中には予想通り、筆者たちの保育園を含む3つの公立保育園の民営化時期が明記されていた。我々は学童クラブの父母会とも連携してコメントを呼びかけ、この期間にパブリックコメントは863通に達した。これまで人口20万人弱の市でせいぜい2けたのコメントしか集まったことがなかったので、これには市当局も度胆をぬかれたようだった。早速6月議会で、保育課長が保護者の意見を聴く、と明言した。

自治体への働きかけでは数がものをいう。それは突きつめれば、数が市長や市議会議員の次の選挙の成否を握ることにつながるからである。残念ながら理詰めで自治体の担当部局と話し合うだけではなかなか前には進まない。従って運動する上で、どうやって多くの人々に情報を伝え、理解を得ていくかがカギとなる。

6月議会の1か月前、横浜市の保育園民営化裁判の横浜地裁判決で父母の保育園選択権を認める判決が下った。このことも行政に一方的な保育園民営化のリスクを認識させる効果があったと思う。

学習会とウェブサイト

「数は力」を実感した我々は各公立保育園の父母会向けに学習会を始めた。それまで繰り返しプリントを配布していたが、なかなか配布物だけでは実態が伝わらないと苦慮していた。そんな中仲間の一人が「手間がかかるようでも、やっぱり1人でも2人でも直接話を伝えたほうがいいと思う」と言ったのが始まりだった。保育園の保護者はとにかく忙しい。夕方子どもを迎えに行って帰って夕ご飯をつくり、お風呂に入れ、早々に寝かさなければならない。夜に学習会を開いても数人しか集まらないことが多かった。しかし集まった保護者はみな保育園が民営化されたらどうなるのかを見極めようと熱心に話を聞いてくれ、率直な質問や意見の交換ができ、手ごたえを感じることが多かった。こうしてこの時期1人でも2人でも理解を共有していったことが後々大きな力になったと考えている。

学習会では保育園の民営化に対する反対意見も賛成意見もあった。しかしここでもだいたいの保護者の意見は自らの過去の経験から引き出される意見であった。我々が少ないながら資料を集め専門家の意見を聴き、保育園民営化の過渡期に起こる現象と長期的マクロ的な影響について話したことに対して正面切った反論を聞くことはなかった。大学のゼミで学生にいつも教えている、自分できちんと調べて、その情報に基づいて客観的に判断することが市民生活を送る上でも大変重要なのだ。

運動のためのウェブサイトも立ち上げた。市の動きのフォローや対市交渉の要点録、市議会議員への公開質問状の回答などを載せた。ほとんど一からＨＴＭＬを学んで立ち上げた素朴なウェブサイトだったが、情報の共有に大いに威力を発揮した。後に対市交渉の中で市の保育行政のずさんさが次々明らかにされていったが、その情報が逐一ウェブにアップされたことは当の行政側にプレッシャーを与えることにもなった。また陳情署名活動を行うにあたって、署名用紙をウェブサイトからダウンロードできるようにしたので、スムーズに署名活動を行うことができた。

しかしウェブサイトを作りさえすれば自動的に情報が広まっていくものではない。むしろ情報拡散には学習会や街頭署名活動、パレードといったフェイス・ツー・フェイスの活動のほうが、影響力があったのではないかと思う。

社会運動にマイペースはない

社会運動にはマイペースはあり得ない、このことが子育て中の我々を最も苦しめた。度重なる夜や休日の会議や勉強会、そのたびに幼い子どもたちを家においていくか連れ歩かなければならない。会議が終われば雑談することもなく急いで家に帰っていく。4年間毎日のように顔を合わせていた父母会の仲間だったが、お互いの状況を確認する会話すらほとんどかわす暇がなかった。途中で転職した仲間がいたが、筆者がそれを知ったのはなんと半年も後という呆れた状態であった。

そして行政過程はいつも突然急展開し、それに即座に対応しなければならない。市は6月議会で保護者の意見を聴く、そして863通のパブコメを吟味し保護者と話し合うと明言した。しかしその後2か月間何の音沙汰もなく、9月に入ると突然「行政改革大綱」に3園民営化が明記され、市はもう決定との姿勢に豹変していた。いったいどこでどうなったのか説明せよ、と我々は説明会の開催を要求した。説明会で担当部課長の口を突いて出たのは「すみません」という言葉のみで、私たちの「なぜこうなったのか」という問いには一切答えが返ってこなかった。担当部課長には決定権がないということをこの時はっきり認識した。つまり決定するのは理事者である市長や副市長、そして市議会議員たちであり、担当部課長はそれを代弁しているに過ぎないのである。

自治労（全日本自治団体労働組合保育部会）との連携、署名陳情、パレード

このような理不尽な展開に対して、２００６年11月、さらに横の連携を広める必要がある、と自治労の保育部会、学童連協、保育問題協議会とともに「子育て連絡会」を立ち上げた。この連携にあたって各団体で連携すべきかどうかそれぞれ話し合った。我々は当初、公立保育園の父母連が自治労と連携するということについて異論が出るのではないか、と心配した。しかしこの間の市の理不尽さに対する怒りが父母連全体で共有されていたこと、そして常に客観的なデータと正確な情報を伝えるよう努めてきたことで父母連プロジェクトチームが信頼感を勝ち得ていたのか、連携に賛同が得ることができた。

こうして始動した「子育て連絡会」が実施主体となって、市に対する署名陳情やデモなどの活動を行うようになった。行政との交渉がとん挫し、市議会への直接的な働きかけが必要となっ

た時まず行うべき行動は署名陳情（請願）である。陳情書をつくりこれに賛同する人の署名を集め、市議会で審議してもらうのである。もし市議会がこの陳情を可決すれば陳情内容を市の責任で実行しなければならない。特に保育園民営化問題においては、最終的に市議会が保育園廃止条例を可決することによって民営化が決定する。従って市議会がこの問題をどのように考えるかは決定的に重要なことである。

陳情書の内容をどのようなものにするかは運動の広がりにとって非常に重要な分かれ道となった。保育園民営化反対という趣旨にすると賛同者が限定される。そこで保育園民営化の是非以前に、市が一方的に民営化を進めようとしていることに対して、保護者や市民の意見を聴いてほしい、という一般市民が賛同しやすい内容の陳情書をつくった。そして1か月足らずの間に1万3千筆あまりの署名を集めて2006年12月議会に提出した。

この間のデモや街頭署名は大抵の保育園の保護者にとっては初めての経験であった。街頭デモ（パレードと呼んでいたが）をするためには、予め警察署から道路占有許可をとらなければならない。また宣伝カーやハンドスピーカーも必要アイテムである。こうした活動のノウハウや機器を蓄積している組合との連携は即座に大きな力を発揮することとなった。

議会工作

陳情書を提出してもホッとしてはいられない。陳情書を審議する市議会議員への働きかけをしなければならない。陳情書を提出したら、とにかく市議会の各会派に挨拶に行く、ということを知り合いの市議会議員から教わった。市議会議員はどんな人たちなのか全く予備知識がなかったので、電話を持つ手も震えたが、陳情書について会って話を聞いてほしい、と一人一人連絡をとっていった。意外にも大抵礼儀正しく丁寧に電話に応対してくれた。そして思想信条にかかわらず大抵会うには会ってもらうことができた。実際会ってみると、陳情書の内容はともあれ組合と一緒にやっているから支持しない、とか、そもそも保育園なんかいらない、母親が家庭で育てるべきだ、と言われ言葉を失いそうになることもあった。しかしとにかく言葉を尽くしてお願いを繰り返した。

次第にさまざまな情報から、市議会議員は会派で行動し、陳情を審議する委員会を構成する議員の会派の構成が決定的に事態を左右するということがわかってきた。そういう意味では「子育て連絡会」の陳情は本当に否決すれすれのラインだった。しかしさすがに有権者数が10万人前後、市長選挙の投票総数がせいぜい5万票程度の都市でいきなり1万筆を超える署名を積み上げた陳情を、簡単に否決することはできず、２００６年12月議会では継続審議となった。

その後、署名はどんどん積み上がり最終的には4万筆を超えることになった。市議会は徐々に実質的な審議を放棄し、任期満了するまで約3年間、この陳情は否決されることなく、しかし可決されることもなく、ずるずると継続審議となり続けたのだった。

行政との話し合い、そして民営化延期へ

やはり市政の決定権をもつのは市議会であることの証左か、このような流れの中で、副市長が民営化の是非も含めて保護者と話し合うとの方向性を示唆し、この署名陳情開始から半年後の2007年5月、市と保護者との協議会が始まることとなった。2005〜06年の保育園等改革計画の委員会では公立保育園は「高いお金で低いサービス」と委員が言い放っていた。そこで、そもそも「保育の質」とはどんなものか、という本質論から始め、市は保育の質をチェックしているのか、市内の保育需要や市の財政の将来予測はどうなっているのか、といった問題について毎回とことん議論した。議論すればするほど、市の計画のずさんさが浮き彫りになっていった。市が議事録を作成しないというので、保護者が自ら要点録を作成して公開することを認めさせた。そのため市にとって都合の悪い情報がどんどんウェブサイトに公開されていく、という状況になっていった。

このような議論を繰り返していた2007年12月、市は改革計画で名前が挙がっていた公立保育園3園の民営化を延期する、という方向を示した。他のほとんどの自治体で、保護者の激しい

反対運動にもかかわらず民営化が強行され、保護者が司法に救済を求めている状況の中で、市から延期を勝ち取ることは全国的でみても画期的なことだった。

民営化問題その後

しかし延期は取り止めではなく、やはりいずれこの問題は再燃するのではないか、との懸念を我々は払しょくすることができなかった。そこで我々は2009年4月の市長選挙に市民派の市長候補を立てて戦うことにした。筆者たち保護者は運動から選挙へというさらに慣れない高いハードルを跳ぶことになった。しかしおりしも民主党の大躍進の時期で、自民・公明・民主相乗りの現職市長に勝つことはできなかった。

やはり、というか2012年3月再び我々の保育園1園のみについて借地返還という名目の民営化計画が持ち上がった。民営化反対運動の過去が忘れ去られたのを見定めたかのような行政の動きであった。中にはアクティブに反対運動を展開しようとする保護者もいたが、それ以前からすでにベテラン保育士は次々と他園に異動させられており、高い保育の質を実感できなかったのか、今度はそれを父母会全体の総意とすることができなかった。行政は保護者との対話によって、いかに保育の質を向上していくかについて教訓を得たのではなく、残念ながら保護者をどうやって黙らせるかについて教訓を得たようであった。そして2014年3月末でついに我々の保育園は廃園となった。

結局先人たちが育ててきた素晴らしい保育園を守り切ることができなかった。では我々の運動は無意味だったかというとそうでもない。実は、建て替えの必要を理由に民営化計画の対象となっていた他の保育園は、この運動の後公立のまま建て替えられている。また全国で保育園民営化反対運動が展開されたため自治体も民営化計画について慎重になってきている。社会運動とは即勝利を勝ち得なくても、目に見えないところでじわじわと政府の政策や姿勢を変えていくところに最大の意味があるのかもしれない。

追記——司法に訴える場合

我々の自治体では裁判には至らなかったが、全国では保育園民営化を違法として保護者が自治体を訴える行政訴訟が頻発した。もし市民生活でさまざまな問題を抱え、法律的な知識を得たい、または訴訟を起こしたいと考えた時、我々はいったいどうやってそれを助けてくれる弁護士を探したらよいのだろうか。また費用が莫大にならないだろうか。この点について少し紹介しておきたい。

まず弁護士の探し方であるが、弁護士もそれぞれ得意な訴訟の種類が違うので、過去の事例、判例をインターネットや文献で探して類似のケースを扱ったことのある弁護士を探すのが最も確実である。しかし誰に相談すればいいのか、どんな解決方法があるのかわからないといった相談に乗るため2006年から法務省の管轄で各地に開設されている日本司法支援センター（法テラス）で相談するという手もある。

弁護士料については、2004年までは「日本弁護士連合会報酬等基準」に従って一律に決められていたが、現在は自由化されている。一般的なものを紹介すると、法律相談を持ちかけると1時間例えば5000円といった形で相談料が発生する。民事訴訟などを引き受けてもらうと、裁判の経済的利益の多寡に従ってその一部にあたる額を、依頼した時に着手金、終了後に報酬金として支払う。しかし経済的困窮によって弁護士費用が支払えない場合、法テラスでは弁護士費用などを立替え、裁判後少しずつ（原則月5000〜1万円）返済すればよいという制度もある。

このようなちょっとした知識が法的解決へのハードルを下げるのではないかと思う。

参考文献

垣内国光『民営化で保育が良くなるの？』ちいさいなかま社、2006年。
関口浩「保育所運営費負担金の一般財源化と費用負担」『社会志林』52（4）、35〜57、2006年。
二宮厚美『構造改革と保育のゆくえ』青木書店、2003年。
ほうんネット編『ほっとけない！　親たちの公立保育園民営化問題Q＆A』ひとなる書房、2007年。

第7章

教員の不当解雇と裁判闘争

身近な人の異議申し立てを支える

荒井容子

はじめに

私は社会教育の研究[1]をしている。この分野での、行政施策を対象とする住民運動にはなじみが深い。そのような運動に学生時代から関心をもち、卒業論文では「公民館づくり運動」について「住民自治の主体形成と社会教育」というテーマで調査・分析を試みた。小さな疑問、あるいは期待から出発し、仲間をつくり、署名を集め、議会への「陳情」、「請願」と、法的に認められている権利を駆使しながら、行政施策を押しとどめたり、推進させたりする住民の運動に魅了された。そこに、人々が政治的な力と思想を獲得し、主体的に生きるようになっていく姿を感じとり、「社会教育」研究の観点から強い関心をもってきた。

ところで、このような住民の学習を熱心に支えていた社会教育職員（日本では一般に、地方自治体が雇用する公務員として位置づけられてきた）がその職場から引き離されるという不当配転問題が、１９６０年代、70年代に多発した。それは住民の学習活動への権力的介入の典型的事例ともいえる問題だった。それらの中には、職員と住民が協力して、配転反対運動を展開し、不当配転を撤回させるに至る事例もあった。これらについては、公平委員会での闘争や反対運動の分析がなされ、住民の学習権を保障する社会教育職員の、専門性をめぐる議論と関わって、研究が蓄積されてきていた。私は学生時代からそのような先行研究に学んできた。

自分が研究者として歩みはじめてからも、社会教育職員の不当配転問題は起こった。また社会教育制度そのものについても、行政施策「合理化」推進策の下での社会教育施設の統廃合、施設貸出料金の無料から有料への後退、施設運営の外部委託等々、さまざまな問題が起き、私自身、社会教育職員の専門性、社会教育制度の重要性を訴え、その後退を押しとどめようとする各地の住民運動に関わり、支えることを志してきた。

ここではしかし、そういった研究者としての自分の立場を離れ、一市民として、自分の身近に起こった、実兄の不当解雇問題について、自分がどのように立ち向かったのか、特に裁判闘争を担ったので、そこでの経験を紹介したい。私たちはこの裁判で敗訴したのだが、私はその判決に納得していない。また、負けたからといって、裁判に訴えることなどしなければよかったとは思っていない。それはなぜか。このことも、いっしょに考えてもらえれば幸いだ。

事件と裁判闘争の概要

私の兄は2004年2月末に突然、解雇された。東京都の公立中学校の教員をしていた兄の様子をつかず離れず見ていた私にとって、それはあまりにもひどい処分で、不当だと思った。

地方自治体の公務員の場合、労働問題については、直接、裁判所に訴える前に、人事委員会（公平委員会）に不服を申し立てることとされている。そこで兄はまず人事委員会に処分不当を訴えた。しかし訴えは棄却された。この審議の過程は極めて不十分で、人事委員会の「裁決」は、東京都教育委員会側の主張をそのまま引き写したようなものだった。とても納得できず、もっと丁寧な事実認定と審理を求め、裁判所に訴えた。

私自身が当事者だったわけではないが、私は兄といっしょにこの裁判を闘った。

私たちは裁判を行った体験もなく、弁護士への依頼も含め、すべて手さぐりだった。兄は教職員組合に所属していたが、その組合は支援してくれなかったからだ。審理（民事裁判では法廷での争いを「審理」と呼ぶ）への取り組みも、弁護士任せにせず、共に調査し、準備に当たった。他方で、この裁判闘争への支援者を募り、解雇の不当性を広く社会に訴える運動も展開した。

2006年9月に東京地方裁判所に訴え、15回の審理を経て、2010年4月に判決が出され、敗訴した。直ちに東京高等裁判所に控訴し、4回の審理を経て、2011年6月に判決が出され、これも敗訴した。そこで2011年7月に最高裁判所に上告し、要請行動も行ったが、結局、2012年2月、最高裁判所は上告を棄却し、私たちの裁判闘争は終わった。

「解雇」処分の不当性

「体罰」事件の経過

兄は実は、2003年5月、勤務校のソフトテニス部が参加した競技大会に付き添い、そこでの指導中に男子部の生徒を叩いてしまった。怪我をするような叩き方ではなく、その場では大きな問題にならなかった。次の日、兄に事情を聴きに、その生徒と共に父親が来校した。兄はここでその生徒と父親に謝罪した。その父親は兄の謝罪を受け入れ、さらに、兄に息子への指導を続けてほしいから、この事件は大事にするつもりはないという意向さえ示した。その後、兄を「体罰」教員として事件化しようとする、明らかに悪意をもった校長による詮索によって、この事件をめぐる、兄と、校長・教頭、市教育委員会、東京都教育委員会との間でのやりとりが続き、その過程にその父子も巻き込まれていった。しかし、その学校の生徒たち、保護者たちの間にまでこの事件の情報が広がることはなかった。

ところが9月初め、突然、複数の新聞とテレビ局のワイドショーまでがこの事件を「問題教師」の事例として報道し、ある新聞は、匿名ではあったが、兄を極悪非道の教員としてひどい歪曲記述で報道した。そして、これらの報道を理由に、「PTA役員会」が率先して兄の「悪い噂」

を集め、兄を誹謗中傷する事項を列記し、教壇から降ろせという「要望書」を書き、校長、市教育委員会、その後、東京都教育委員会に提出する。

こうした経過から、生徒たちとの間では何の問題も起きていなかったにもかかわらず、兄は10月初めから校地外研修に出されることになった。資質・能力向上と信用回復を目的とするとされたこの研修の内容は、「体罰」に関する法令や教育活動上の課題を理解させ、反省を促すことからはじまり、その後は「学校経営」などにも及んだ。

兄は研修を積極的に受けとめ、その成果を待って一定の処分が下されると覚悟していた。ところが3月31日の研修の終了日を待たず、2月23日に兄への処分が言い渡された。その内容は「免職」すなわち「解雇」だった。

「体罰」を理由とする処分では解雇できない

生徒を叩いてしまったことについては兄に非があり、何らかの処分があっても仕方ない。しかし、罪に相応する処分には基準があるはずだ。今回の「体罰」事件に対し、「解雇」とはあまりにも重すぎると私は思った。この種の問題に詳しくなかった私は、大急ぎで東京都教育委員会のホームページを開いた。そこには「体罰」をしてしまった教員に対する当時の処分基準が公開されていた。「常習性、複数の児童・生徒に対する重傷事故等、特に悪質な場合」は「停職」、「上記以外の場合」は「減給」「戒告」と書かれていた。兄が「体罰」を「常習」していたとは聞いたことがなく、今回の事件は「重傷事故」が起きているわけではなく、「特に悪質」とはいえない。そこで兄の場合「停職」にさえならないと思った。最も厳しい処分でも「停職」なのだから、いきなり「免職」というのはひどすぎると感じた[2]。

「分限処分」による「解雇」

ところが実は、兄は、「体罰」という非違行為で想定される「懲戒処分」ではなく、教員としての「適格性」の有無を判断基準とする「分限処分」という方法で解雇（分限免職）されていた。「処分説明書」には、自動車通勤、学校での私物の大量保管、体罰、そしてこれらに関連した校長による「職務命令」等への非服従という複数の理由が列記されていた。つまり、「体罰」事件がきっかけで、教壇から降ろされ、校地外研修に回されたにもかかわらず、別の理由があとから付け加えられ、「体罰」事件だけでは適用できない「解雇」という処分を下されたのだった。私には、こうした処分方法の変更自体も、不当な恣意的対応に思われた。さらに、「体罰」以外に付け加えられた理由も、それぞれ、処分の対象になるような事柄ではなく、一つひとつが簡単に反論できるものだった。

また、私がもっとも強く疑問に思ったのは、兄が教員として「不適格」と断定することについてだった。兄の教育活動がこれまで、多くの人から高く評価されてきたということもその根拠にあったが、それ以上に、兄が時間を惜しんで、いつも楽しそうに、夢中になって教育の仕事に打ち込んでいたことを知っていたからだ。兄は中学生という思春期の生徒たちの目線に近づいて、担当している理科の授業の工夫はもとより、担任となったクラスの日常的指導、課外活動（ソフトテニス部。前任校では軽音楽部も指導）、学校行事、生徒会活動等々、生徒たちと話し合いながら、熱心に取り組んでいて、保護者たちからの信頼も厚かった。最後の勤務校となった学校では、生徒たちからジョニーという呼び名で親しみを込めて呼ばれ、歌、踊り、演劇など、文化活動を大事にし、生徒たちといっしょになって、学校生活を楽しんでいた。こんな教師を、教員として「不適格」などとしてしまっていいのだろうか。どうしてもその疑問がぬぐえなかった。

訴訟の展開

法廷闘争

人事委員会も含めて、訴訟の基本的な舞台は法廷であり、裁判官（人事委員会では同委員会）に、こちら側に正義があること――この事件でいえば、兄の解雇が不当であること――を認めさせる論証をしていくことが課題となる。

法廷では通常、訴えた側（原告）が提出する訴状と証拠群に対し、訴えられた側（被告）が答弁書と証拠群を提出する。これらをもとに、相互に反論としての「準備書面」と証拠の追加提出が繰り返され審理が展開していく。そして一定の段階で論点整理が行われ、原告と被告双方から申請された証人のうち、裁判官が認めた者について、法廷で証人尋問が行われる。その後、結審（相互の反論を終えること）の日が決められ、結審のあとは裁判官による「判決」を待つことになる。

私たちは二人の弁護士に支援をお願いした。一人は兄が自動車通勤問題ですでに支援をお願いしていた方だった。誠実で有能な若い弁護士だったが、今回の裁判はとても大きなものになるので、もう一人弁護士をつけてほしいという依頼があった。そこで知人をつてに引き受けてくださる方を何とか探した。幸いなことに、「子どもの権利」を守る運動に精力を傾けている、誠実で有能なベテランの弁護士に支援してもらえることになった。

法廷での審理のやりとりはこの二人の弁護士の指導のもと、兄、教育行政の研究者である私の夫、私を中心に弁護団を組んで臨んだ。兄の中学校時代の同級生、初任校での元同僚、兄の教え子とその友人も、入れかわりでこの弁護団に加わり、熱心に協力してくれた。

この弁護団では、過去の判例を確認し、兄からは関連事項に関する詳細な聞き取りを行い、こちらの訴えを明確にする論理構成を整えながら、主張を支える証拠を集めていった。兄は詳細にわたる事件の時系列表や原告陳述書を書いた。また、被告の答弁書、提出された証拠群、準備書面も徹底して分析し、こちら側の反論「準備書面」と追加の証拠を提出していった。

法廷外の運動

◆裁判の宣伝——不当解雇を訴えていることを広く伝える

裁判闘争は法廷でのやりとりだけではだめで、審理を傍聴してくれる人を集め、広く問題を訴える運動を起こす必要があることを、私たちは弁護士から示唆されていた。

そこで手さぐりだったが、地方裁判所に訴えることになってから、まず私と私の夫がそれぞれ、関係している民間教育関係団体の集会やメーリングリストで、裁判闘争をはじめたことを伝え、第1回審理への傍聴者を募った。また、審理のあとは毎回、弁護士会館の部屋を借りて報告会を開催し、法廷の様子を伝え、支援者と語り合った。人事委員会では、兄の中学校時代の友人たちを中心とする、知人たちによる傍聴がほとんどだったが、地方裁判所での裁判では、第1回審理から、面識のない人たちも傍聴し、報告会にも参加してくれるようになった。それらの人たちから、傍聴席は審理中も出入りしていい等、初歩的なことも教えてもらい、宣伝チラシの作成と配布、ホームページの作成、集会の開催など、もっと積極的に運動することを示唆された。

◆広報活動——チラシ、ホームページ、裁判ニュース、街頭宣伝

私はそこで、すぐに手さぐりでホームページをつくり、「裁判ニュース」も発行しはじめた。不当解雇とその裁判を伝えるチラシ、毎回の審理への傍聴を請うチラシもつくり、ホームページにアップするとともに、印刷して、さまざまな集会で配り、支援者を募った。ホームページには次々と情報、関連資料を掲載し、更新していった。兄の大学時代の友人がこのコンテンツを利用

したミラーバージョンもつくってくれた。

審理の日には開廷前、傍聴を呼びかけるチラシを裁判所前で配り、街頭宣伝を行った。ここで、はじめの頃、兄が、支援者がつくってくれた看板をもって立ってみたこともあった。その後、私は、ゼッケンのようなポスターを何枚か、にわか仕立てでつくり、それを首からつるしながら、ビラを撒いた。口頭での訴えには、はじめはミニ拡声器を使ってみたが、地声のほうが届きやすいことがわかり、やがて大声で、地声で訴えることに慣れていった。

◆傍聴、陳述、署名運動、支援の会

広報が功を奏したのか、傍聴者が増え、法廷は比較的大き目の部屋が選ばれるようになった。支援者による裁判官宛の「陳述書」の執筆も広く呼びかけた。書き方を「裁判ニュース」で紹介し、実際の陳述書をこの「ニュース」や「ホームページ」で紹介した。兄の教え子、教え子の保護者、もと同僚、多彩な関係の兄の知人らが、兄の教師としての姿や人となりを思い起こし、決して教師として「不適格」ではないと、自身の体験から具体的に訴えてくれた。兄のことを直接知らない教育研究者や教員も、事件の経過を知って憤り、この解雇の不合理性を訴えてくれた。そのような陳述は31件に及んだ。署名運動も行った。地方裁判所宛では1400筆余り、期間が短かった高等裁判所宛でも1000筆以上、最高裁判所

この裁判闘争のトレードマーク。兄がもともと使っていた自画像をもとにつくった。

宛でも700筆を集めることができた。

規約をもつ「支援の会」をつくり、ゆうちょ銀行の口座もつくってカンパに対応した。専用のeメールアドレスもつくり、「支援の会」会員に直接情報を伝えるメーリングリストもつくった。

◆「家内工業的」運動——限界と工夫、運動の広がり

人事委員会に訴えたころから2年間、私は在外研究で海外に在住していた。そこで帰国後、地方裁判所に訴えることになったころから、私はこの裁判闘争に本格的に関わることになった。私は法廷外闘争の事務局を中心的に担ったが、大変な作業であったため、支援者の方が見かねて、兄が所属していた教職員組合に改めて支援を依頼すべきだと、つなぎ役になってくれた。[3] そこで弁護団として正式に事務局を訪問して依頼したが、道は開けなかった。親族や友人、知人中心の運動方法で、「家内工業的」だ、もっと組織的に展開すべきだとのアドバイスを何回も受けたが、私に代わって、あるいは共に事務局を担ってくれる人を組織することは難しかった。新しく出会った支援者も含め、心配し、傍聴し、報告会に参加してくれる人たち自身がそれぞれとても忙しく、そこまでお願いすることができなかった。むしろ、妹さんが一人で踏ん張っているので何とか力になりたいと言って、自ら署名を集め、チラシを撒いてくれるだけでも、本当にありがたかった。高齢の、兄と私の中学校での恩師も心配し、報告会に参加し、丁寧に、たくさんの署名を集めてくれた。

そんな組織だったため、支援者の人たちが署名用紙やチラシをホームページから自分でダウン

ロードし、印刷して、署名を集めたり、配布したりしてくれるようにアピールした。実際に、そうやって署名を集め、郵送してくれる人たちもいた。裁判官宛に書いてもらった「陳述書」も解雇が不当であることを広く訴えるために、その証拠としてホームページや裁判ニュースに積極的に活用した。

この裁判闘争に共感し、自発的に組織としての支援を表明し、大勢のカンパや署名を集めてくれる組合や情報提供で協力してくれる組合など、他の教職員組合との新たな出会いもあった。

また、審理後に行った報告会は、毎回20人前後、年齢も職業も経験も多彩な顔ぶれが集まった。しかも参加者の構成は毎回少しずつ変化していった。話す内容も、この裁判の法廷闘争をめぐる議論に止まらず、教育問題や労働問題を中心にして、異議申し立てをすべき諸問題や裁判の体験等へと広がり、私たちは自由に情報交換し、語り合った。まさに刺激の多い、豊かな学びの場になっていった。これは「家内工業的」運動ゆえの特徴だったのかもしれない。

◆広報活動の発展としてのドキュメンタリー制作——社会運動同士の支え合いの中から

マスコミの積極的な活用も支援者から示唆されたが、『週刊金曜日』の記者が取材記事を書いてくれ、いくつかの雑誌に兄や私が、支援者のつてで記事を書かせてもらうにとどまった。そのほかでは、民間教育研究団体の研究集会で、一度、兄と私の夫が報告させてもらい、あとは自分たちで研究集会を数回開催した。[4]

兄は手さぐりでメーデーや、教育問題に関わるあちこちの集会に出かけ、この裁判のことを訴えはじめ、やがて不当解雇ほかの労働問題で闘っているさまざまな社会運動のメンバーとつながるようになった。そこから歌を歌って問題を訴える、兄が得意とするパフォーマンスによる活動がはじまり、兄自身が他の運動を支える活動も展開するようになった。そうしたなかで、あるドキュメンタリー映画での兄の「歌」の使用がきっかけとなって、その製作者がこちらの裁判に関心をもち、審理や報告会の様子を取材し、「レイバーネット日本」のホームページに写真やビデオを付した記事をアップしてくれるようになった。さらに、この事件と裁判をとりあげたドキュメンタリー映画「『不適格教師』の烙印を押された男――ジョニーカムバック」を、高等裁判所での法廷闘争中に完成させてくれた。私たちはこの映画を、高等裁判所に証拠資料として提出し、さらに法廷で、関係者の証言映像の一部を上映した。この映画は法廷外でも裁判の宣伝に積極的に活用させてもらった。

反貧困フェスタ（2009年3月28日）でブースを開き、裁判への支援を訴える兄。

裁判に訴えたことの意味

「不適格」判断の背後にあった管理職の敵意と処分者側の不誠実な姿勢

私は、裁判には負けたけれども訴えたことを後悔していないとはじめに書いた。それは、そもそも私は、不当だと思うことには異議申し立てをするべきだと考えているからでもあるが、理由はそれだけではない。この裁判の過程でたくさんの発見があったからだ。

まず、処分理由にあげられた事柄について、校長が兄に対し異常な対応をとってきたこととその理由が、被告、東京都側が裁判所に提出した、処分理由を裏付けるための事故報告書や関係者からの事情聴取の記録、さらに法廷での証人尋問によってはっきりしてきた。

たとえば処分のきっかけとなった「体罰」事件より前、兄は、自動車通勤をやめるように校長・教頭から強要されていた。C型肝炎の悪化で体調が不安定になってきた父親の介護と学校での教育活動を両立させるために、兄は通勤方法の変更届を出したが、校長はこれを認めなかった。そして、校地外で借りている民間駐車場で待ち構え、降車時に兄の写真を撮り、それを提示しながら生徒の前で兄を断罪したり、突然、「職務命令」と書いた文書を振りかざして兄を追い回したりと、他の教員に対する対応に比して、その強要は奇怪なまでに執拗だった。「体罰」事件についても、法廷闘争でわかったことだが、校長は、処分のきっかけとなった兄の「体罰」について、教頭から、人づてに得た情報を伝えられるとすぐ、兄への事情聴取を飛ばして、まず先に直接、被害生徒の保護者、父親に連絡をとりその内容を確認した。そしてその父親から、兄が「謝罪し、二度と繰り返さないということで話がついている」と聞いた（乙13号証。乙17号も参照）にもかかわらず、なお兄に事情聴取する前に、事件の情報を市教育委員会の理事に伝え、対応方法を仰ぐという異常なほど迅速な対応をとった（乙7号証）。これは同校で3か月余り前に起き、生徒が「鼓膜損傷」というけがをした、別の教員による「体罰事件」[6]では、教員への「説諭」ですませ、市教育委員会から促されるまで1年以上も「事故報告」をしなかったこと（「第11回口頭弁論調書」）に比べ、明らかに不公平な対応だった。

　また、兄に対する処分理由のなかには、きっかけとなった「体罰」以外に、遡って調査され改めて事件としてとりあげられた「体罰」がもう一つあったが、被告、東京都側は、そこでの「体罰」の態様がひどいと強調し、裁判官も「判決」で同様にこれを強調し、その態様を、兄を教員として「不適格」だと断定する強い根拠にした。ところが、この「体罰」事件については、その態様により悪い印象を与える、実際にはなかった架空の行為が、処分理由の記述に付け加えられ、誇張して表現されていた（東京都教育委員会「処分説明書」平成16年2月23日）。この記述の根拠は、校長が被害生徒に行ったという事情聴取報告だったようだ（乙9号証参照。法廷闘争の過程で、被害生徒本人がその行為はなかったと証言し、さらに彼は校長から直接事情聴取されたことさえ否定した）[7]。

　校長・教頭はなぜ、このような異常な強要や詐索、虚偽の報告をしたのか。その背景に、校長が赴任当初から当該校の教員集団に敵意をもっており、これを変えるために兄をターゲットにしていたことも、法廷闘争によってわかってきた。校長は東京都教育委員会による事情聴取の中で、当該市教育委員会の元理事からこの学校には「いろいろな課題が多く、その中心が疋田教諭であると言われました」と証言し、当時の教員集団は、「彼を前面に出すことによって、都合のよい学校にしようとする面がある」、「私は職場の雰囲気として、疋田教諭をかえることを第一にしました」とまで述べていたのだ（乙14号証）。

このような不公正な対応は、処分を決めた、東京都教育委員会の懲戒分限審査委員会による不誠実な対応の過程のなかにも見てとることができた。証人尋問を受けた、事件当時の東京都教育委員会次席管理主事（兄の事件を担当）は、兄の処分を「懲戒」から「分限」に切り替えた理由を法廷で問われ、ＰＴＡ役員会代表名による「要望書」と「新聞」報道がきっかけとなったと述べた。そこで裁判官は、この「要望書」提出者への事情聴取をしたのか、また、この「要望書」の中の「確かに私たちに寄せられている意見の中には擁護派もいます」と書かれているところに触れ、「擁護する意見」については調べたのか、「要望書というものについて、もう少し慎重に判断することがあってもよかったんじゃないでしょうか」と質問を重ねた。しかしこの証人は、提出者への事情聴取は行わなかった、「この要望書そのものを全部、私たちが丸ごと何かやったということ」ではなく、「この要望書に基づいて、この一つ一つのことでもって」、市教育委員会が「把握できるものについて事故報告を出してくださいと、こういう形で申し上げたわけです」と答えるのみだった（第11回口頭弁論調書）。

「分限」処分は、基準をもとに一つ一つの事故・事件について処分を決める「懲戒」とは異なり、その職務に関する「適格性」についての判断をもとに処分が決められる。そこで、恣意的判断が入りやすいため、対象者の良いところと悪いところを慎重に、総合的に分析し、判断する必要がある。ところが、この懲戒分限審査委員会は、処分を「分限」に切り替えたにもかかわらず、兄の、教育活動における力量に関する調査を行わなかったのだ。処分方法切り替えのきっかけとなったという「要望書」、すなわち兄を非難する事柄のみ列記したこの「要望書」をもとに、しかもそこに書かれた記述の信憑性を丁寧に調査しないまま、「事故報告」として出せるものについて、すなわち兄について問題とされている事柄についてのみ調査し、報告することを市教育委員会に求めたということなのだ。

この証人尋問では、兄に対し行われた校地外研修についても問題とされた。研修時、毎日提出され、大部となっていた兄の研修報告書を、提出先として明記されていた校長は一切読んでいなかった。また市教育委員会は、兄が研修をただ「こなす」だけだったと根拠なく、低く評価した。そして当時、懲戒分限審査委員会の委員らはそれらの研修報告書を手に取ることすらしなかった。つまり、研修の成果を丁寧に吟味しようという姿勢も、同委員会はもっていなかったのだ。このような不誠実な審議の中で兄の分限処分の内容は決められていた。このことも法廷闘争で明らかになった。

教師としての適格性を、実感をこめて証言してくれた大勢の人々の存在

これに反して、前述したように、大勢の、しかも多彩な人たちが、兄は教師として決して「不適格」ではなく、むしろ、優れた教師であったと「陳述」してくれた。特に実際に兄の教育指導を受けた教え子（赴任校3校すべてにわたって16人）、その様子を見ていた保護者たち（最近の2校で5人）、初任校の校長、教頭、同僚、前任校の同僚、他校の教員、性教育教材（生徒たちが出演）を共同で製作した映像プロデューサーも、実感を込めて、具体的に兄の教育力量の高さを証言し、保護者の一人は指名に応じて、わざわざ滞在先のアメリカ合衆国から帰国し、証人尋問に応じてくれた。

このことは兄の、教師としての誇りを回復させ、解雇を不当と訴え続けることへと、兄を大きく勇気づけた。

「裁判など慣れていない人たちが、教員として不適格などとは嘘だと勇気をもって陳述書に書いてくれた。実際に証言台にまで立って訴えてくれた人もいる。だからここでやめるわけにはいかないんです」

東京地方裁判所で敗訴判決が出た日、兄は報告会で支援者を前に涙ながらにこう語った。

ところで、これらの陳述書や証言では、兄が教科教育でも、学校行事でも、生活指導でも、たとえば、工夫を重ねた理科の実験等による自然科学の世界への誘い、手づくりのプリントによる興味の喚起、歌や演劇、討論や自治活動の支援、個々の生徒の生活や学習の悩みに関する相談へ

の丁寧な対応、そうした活動から深めていった性教育の研究と実践等、生徒の目線に立って指導していたその力が高く評価されていた。兄は、熱心で、創意工夫を惜しまない、ユニークな教師として評価されていたのだ。[8]

教師の「適格性」をめぐる根本的な対立

処分者側は、兄を、生徒の教育指導ができない「指導力不足教師」ではないことは一貫して認めていた。しかし、その教育指導力を、教師としての「適格性」において評価しようとはしなかった。

　兄は理科の授業で、その単元と結び付けた歌を授業でよく歌い、生徒の気持ちを授業に引きつける工夫した実践方法だったと、前任校の生徒の保護者や卒業生が陳述書で高く評価していた。ところが校長は「望ましいことではない」と法廷で断言した。また教頭は、兄が「子どもを相手にする十分なキャラクターを身につけていますが、子どもとかかわるというキャラクターであって、子どもを指導し、自力で育っていく指導が欠けていると思います。話題のポケットが大きいだけ、ごまかして人をあやつろうとする所があります」と、東京都教育委員会による事情聴取で述べている（乙18号証）。

　学校での「私物」の大量保管ということが処分理由の一つにされたが、「私物」とされたものは、すべて、教科に限定されない、兄の多彩な教育活動を支える教材だった。兄がさまざまなやりくりの中で集めたものである。ところが、教師が担当教科のみを、さらに教科書だけで教えるという平板な教育活動のみをイメージする「常識」では、このことは想像できなかったのだろう。校長が求めるのはもっぱら、整理整頓であり、また、教育委員会が強く指導している、自動車通勤をやめる、ということだった。

ところで当該校は、兄が赴任する前から、教育活動にさまざまな工夫を重ね、豊かな伝統をもっていた。文化行事に熱心に取り組み、クラスで参加する合唱祭はタンホイザーなど本格的な楽曲が課題曲になっていた。クラス演劇の活動も盛んだった。卒業生は毎年、卒業前に大がかりな絵画パネルを制作し、それは卒業式だけでなく、次年度の入学式にも舞台中央に飾られてきた。通常の授業だけでなく、専科ごとの選択制の特別授業も行っていた。兄はこの選択理科を担当し、近隣の植物園の見学や高度な科学実験（たとえば超伝導など）にも取り組み、生徒たちは、自分たちで工夫を凝らして取り組んだこれらの実験を文化祭で実演し、好評を得てきた。

ところが校長は、赴任してすぐ、それまで同校で大事にされてきたさまざまな文化行事をやめると宣言した。また、課外活動に配慮して休暇時の登校ほか特別な事情においては認められていた生徒の自転車通学を一切禁止した[9]。卒業式、入学式での絵画展示もやめ、国旗に変えるとした。このような一方的な方針転換に反発し、他校に異動していく教員も少なくなかった。

兄をターゲットとして進められた教員集団への管理強化は、こうした学校経営における教育実践上の対立も背景にあったことが、これも裁判の過程ではっきりしてきた。

この分限免職事件を、兄が、校長とうまがあわず、嫌われていたのだと捉える人もいた。そして、校長の個人的な好き嫌いで、教員として「不適格」とされてしまうのはひどいことだと、同情し、怒ってくれる人たちもいた。しかし裁判に訴えることでわかってきたのは、単に個人的な好き嫌いという問題ではなかったということだった。

管理職たちは、創意工夫をした多彩な教育活動を嫌っていたのだ。だから兄を理解できなかった。教員が創意工夫して教育活動を展開することに障害になったり、生徒の豊かな学習活動の展開に障害となることについては、たとえ校長の職務命令でも簡単には従わないという兄の行動は、平板な教育活動のイメージしかもてない管理職たちには理解できず、兄の反論は「屁理屈」にしか聞こえなかったのだろう。むしろ、兄は管理職による「職務命令」に従わない反抗的な教員と映ったのだろう。そしてまた、先にみたように、校長はもともと、兄に対する先入見をもって同校に赴任してきていたのだった。

つまり、この裁判で争点となっていたのは、生徒の学習を、その自発性を大事にしながら創意工夫して支える教育活動を行い、このことを何よりも優先する教員が教師として「適格」なのか、それとも、校長の「職務命令」に従うことを何よりも優先する教員が教師として「適格」なのか、どちらなのかということだった。裁判に訴えたことで、兄の不当解雇問題は、教育の原理、学校の本質を問う、この重要な問題が争点になっていたことが改めてわかってきた。もっとも、裁判官にはその点が伝わらなかった。

「裁判」の実態――そのものの問題

判決の実際

すでに書いたように、地方裁判所での証人尋問で、裁判官が、被告、東京都側の処分判断過程での落ち度を鋭く追及した。当時この審理を傍聴していた支援者からは、「青空がみえた」と裁判官、そして裁判への期待を膨らませた。ところがその後、裁判所側の要請で法廷の体制が裁判官一人から三人へと変更になった。そして判決では「研修」の位置づけの不備が指摘されたのみで、あとはその不備を越えても教師として「不適格」と結論づけるためか、兄を「正直さ・誠実さに欠け」「自己中心的」だと、被告の主張以上に感情的な解釈で断定し、訴えを棄却した[10]。判決の日に裁判官は、被告側が虚偽まで使って態様を悪く描いた「体罰」事件にもあえて言及し、その態様は生徒の人格を踏みにじる行為だと、改めて兄を断罪した。実はそのとき私は、裁判官が顔を紅潮させて発言していたのはなぜだろうと思っていた。判決言い渡しの法廷で、裁判官が判決の内容に踏み込んで発言することは異例のことだと後で知り、改めて、あの紅潮は、判決での確信犯的断定に裁判官が負い目を感じていたからではないかと思えてきた。

高等裁判所でも、地方裁判所での追及が不十分で、解明すべき肝心な問題点が残されているのに、裁判官は控訴人側の証人申請を受け入れなかった。さらにその判決では、控訴人（兄）が裁判に訴えたこと自体、主張内容からみて反省をしていない証拠だとする、裁判制度を否定するような追記をして、私たちをあきれさせた。

このように、この裁判での法廷闘争の体験は、私に、法廷での真理追及の不徹底、不誠実さを実感させるものだった。そして、人事委員会での「裁決」でも、地方裁判所の判決でも、高等裁判所の判決でも、原告（控訴人）の訴えを棄却するにあたり、このような理由なら訴えを棄却されても仕方ない、兄が免職されても仕方ないと少しでも思わせる、あるいは感じさせる論拠、分析は、全く示されなかったのだ。

裁判をめぐる「常識」再考

裁判闘争を行うにあたっては、法廷外で支援の運動をつくっていく必要があると弁護士に示唆されたことは前述したとおりだ。法廷での審理では傍聴席を支援者で埋め、そのことによって裁判官に緊張感をもってもらう必要があると、裁判を体験してきた支援者からも何度も聞かされた。そこですでに述べたように、私もその意義を受けとめて、処分の問題性、この裁判の社会的意義などを伝え、傍聴や支援を募る法廷外闘争に取り組んだ。ところで、他方でまた、行政を訴える裁判はなかなか勝てないということも裁判闘争の過程で改めて耳にした。

裁判闘争を終え、これらのことを振り返ってみて、改めて考えさせられたことがあった。

その一つは、事実を立証し、事実のとらえ方について、法、憲法、人権思想等々、正義にもとづいて下されるべき判決が、なぜ、法廷外の運動に関係するのかということだ。

司法に訴えるということは、被った問題について、泣き寝入りせずに異議申し立てをする、一つの重要な行為であり、その過程で「異議」の社会的意味が見えてくる。その「申し立て」の質によっては、その裁判闘争を通じて、それは単なる個人的な異議申し立てを越え、社会全体に異議申し立てをする——すなわち、社会を変える実践の一つになりうる。しかし、その前提には、何より、司法、裁判制度が正しく機能していることが必要だ。私は司法の専門家ではないので、素人としての分析しか述べることができないが、三権分立といいつつも、実際には、司法も社会全体を覆う権力構造の中に置かれている、ということが現実だろう。民主主義の崩れた社会では、裁判そのものが公平性をあからさまに欠かすということは、歴史を紐解けばすぐわかる。従ってまず裁判制度、司法制度を、真実を明らかにし、そのもとで判決がくだされるような体制に近づけ、また、その制度が実際に公平・正当に機能するように継続して努力していくことが必要だ。司法制度とその展開を公平・正当ならしめるための研究と社会運動が必要なのだ。

ところで私は、それぞれの裁判で闘い、現在の裁判や裁判官の問題を感じたという人たちの声を、この裁判闘争の過程でたくさん耳にした。単に敗訴したからという理由ではなく、丁寧に審理されなかった、いい加減な審理に遭遇したという不満が強いようだった。私自身もやはり、丁寧な審理に欠けていたという不満をもっている。司法制度を公平・正当なものとして機能させるための努力が必要だと実感させられた。

このようなことをふまえると、「司法制度」そのものを課題とする社会運動のみならず、個々の裁判闘争で法廷外闘争を行うことも、実は、当面の課題のために司法判断を正当ならしめる取り組みであるとともに、司法制度そのものを正当なものに向けていく運動にもなるのではないかと思う。

ところでもう一つ、より根本的なことなのだが、改めて気づかされたことがある。

法廷闘争は、最後は、まさに憲法にもとづいて正当性が争われるということだ。最高裁判所への上告に至って、はじめてその実感をもった。下級審の判決がもし日本国憲法に反するものであれば、最高裁判所は差し戻し審議を命ずることになるのだ。このことを考えると、「日本国憲法」がどのように人権を守り、正義を宣言しているか、どのように社会の公正さに関する考え方を提示しているかが極めて重要だ。今、何か、異議申し立てをする問題に直面していなくても、いつかそういう事態、理不尽と思える事態に遭遇したとき、勇気を出して異議申し立てをするその行為を司法で受けとめてもらうためには、その基盤に、信頼するに足る憲法があることが重要なのだ。

今回、法廷闘争では敗訴したが、まだ憲法自体に不安や不備を感じたという悔しさはなかった。この前提のもとに司法制度を十分機能させるという課題に取り組めることは、私たちの世代の当面の幸いであるのかもしれない[11]。

マスコミの問題

最後に、「報道」被害とメディアリテラシーの問題に触れたい。

兄の体罰事件についてはすでに触れたように、突然の新聞報道で大騒ぎになった。これを理由に校長は保護者への説明会を開き、ＰＴＡ役員会は兄を「教壇に立たせないでいただきたい」という「要望書」をまとめた。逆にまた「要望書」に列記された兄を非難する誹謗中傷が利用されて、さらに記事が書かれた。そしてこれらが兄の処分判断を「懲戒」から「分限」に切り替えるきっかけになった。

はじめの新聞報道は市教育委員会から東京都教育委員会に提出された事故報告書に書かれていたことがらをもとにしていたようだ。この事故報告書の内容がどうして新聞記者に漏れたのか、その問題も問いたいところだが、各紙がその内容を検証せずに記事にしたことには記者の不誠実さを感じる。

兄は校地外研修中に、はじめは校長に「話はついている」と説明していた被害生徒の親から刑事告訴された。通常は体罰被害者には行われない教育委員会からの事情聴取を受け、兄が同じ教育委員会からの事情聴取で「体罰はしていない」[12]と説明したことに、生徒の説明と齟齬ができ、生徒が嘘を言っているとまわりから攻撃されかねないと警戒したからだと、私たちは後程、弁護士を通して知らされた。このような事情での「刑事告訴」だったのであり、通常は「刑事告訴」

されるような内容の事件ではなかった。ところが警察署は地方検察庁に書類送検した。そして複数紙が、「体罰後いんぺい工作の疑い　中学校教諭を書類送検」（小見出し）、警察署は「確認書を書くことを強要したなどの疑いで、教師を」「書類送検している」（本文）などと、教員の名は伏していたが、警察署から得た事実をそのまま記事にした。関係者が読めば誰のことを言っているかわかる記事だ。また「教員」が「体罰」事件で、「刑事告訴」されるとは、よっぽどひどいことを行ったのだろうと、大抵の人が想像するような記事だった。まして、前述の「要望書」に書かれた事項を使って兄を極悪非道の教員と描いた新聞記事やテレビ報道などを知っていれば、兄への不当な偏見はさらに広がることになる。

記者は、警察署の報告をそのまま伝えたまでで、嘘は書いていないというのであろう。短い記事には、記者の目で見たコメントをつける余地がないとも言い訳されるかもしれない。しかし、事件の真偽や裏の事情に配慮すれば、どんなに短い記事でも、文面にそのニュアンスを表せるのではないだろうか。大きな社会問題では、一般の関心も高く、記事の書き方・内容の真偽が話題になるであろうが、小さな事件についてはその確認がやり過ごされがちだ。しかし、そうした日常の「やり過ごし」の中で、私たちは社会の見方、感じ方、あるいは偏見を植え付けられているのではないか。小さな事件の「記事」にこそ、そのような誘導性があるのかもしれない。

私は、以来、このような小さな記事に対する見方が変わった。「事実」を淡々と伝えているようでいて、本当のことはわからない。そんなことは昔からわかっているつもりでいたが、改めて、新聞を読むときについつい流されていた自分に気づかされた。人事委員会に不服申し立てをした当初、このことを痛感し、そのような報道問題について研究しているあるネットグループ（もう解散してしまった）に、匿名で、相談のような、意見のようなｅメールを送ったことがある。その主催者から、『犯罪報道の犯罪』[13]という本を紹介された。

このような問題に気づかされたのも、私が、この兄の不当解雇問題に我がこととして関わったおかげだともいえる。

本当は、法廷闘争でもまだ届かない、闇に潜んでいる真実を突き止めてほしいと、報道関係者に、そんな期待さえもっている。一体誰が兄を陥れたのかと。

おわりに――問題を受けとめることの責任とその続け方について

カミングアウト

兄は、人事委員会に提訴したころからだったか、あるいは地方裁判所に提訴したころからだったか、参加した集会などで不当解雇を訴え、支援を募るとき、また法廷での審理後の報告会で、よく、自分のことを「カミングアウト」したのだと語っていた。私は当時、この言葉に驚き、ああ、兄にとっては、「異議申し立て」をすること、人事委員会に提訴し、裁判に訴えることは、自分が「分限免職」されたことを公にすることであり、とりわけその理由に「体罰」が入っていることもあり、それは実は恥ずかしいことで、そこで、勇気をもって自分をさらけ出すことなのだと改めて気づかされた。兄はその後、一人でメーデーに参加したり、いろいろな集会——とりわけ教員への攻撃を問題とする集会などに参加したりして、この裁判について積極的に宣伝し、他の運動の支援にも取り組みはじめた。まさにカミングアウトしながら社会運動に目覚めていったのではないかと思う。

そう考えると私自身、兄が「分限免職」されたこと、そのことで自分も関わって裁判闘争をしていることを、はじめのころ、堂々とは言えないでいたことを思い出す。署名集めでも、ここでお願いしてもよいものかどうかと、毎回、少し躊躇した。そこで、勇気を振り絞ってお願いしたあと、その場で積極的にその署名を回してくれたり、私の知らないところで、どんどん署名を集めてくれる人たちには、感謝の気持ちで一杯になった。

地方裁判所での法廷闘争をはじめたころ、私は、ある大きな教育裁判を傍聴し、その後の報告会に一人で参加したことがあった。組織的なつながりのある支援者の集まりのようで、大勢の人たちが集まっていた。門外漢で初参加だった私は、しかしそこで、藁にもすがるような思いで、自分たちも酷い目にあって裁判を行っていると発言した。そのとき、兄の裁判のことを少し知っているという人が声をかけてくれた。さらに私が持っていた署名用紙を受けとって回してくれ、会の終了時には、躊躇していた私を促して、帰る人たちへのビラ配布も手伝ってくれた。私を励ましてくれた今でも忘れられないエピソードだ。ここからようやく、私はこの裁判について、一人でもビラまきをできるようになった。

地方裁判所前でのチラシ配りは、声をかけながら配ると受け取ってくれる人が多くなることを、一緒に配ってくれたご高齢の女性の支援者が教えてくれた。チラシを受け取ってくれる人でも大抵は無言で、たまに励ますような眼差しで受け取ってくれるのが精一杯だった。みな忙しそうに通り過ぎていく。しかし、何回か、声をかけてきて、自分が抱えている裁判のことを熱く語ったり、この裁判のことを尋ね、激励してくれる人にも出会った。逆に、少し説明を聞いたあと「校長に逆らっちゃだめでしょ」と批判してくる人もいて、私は一生懸命、反論した。街頭スピーチも、はじめは恐る恐るだったが、何回か重ねるうちに、地声で、大声で訴えることができるようになった。裁判所前の生け垣にうっかり手荷物を置いて守衛さんに注意されたこともあ る。手書きのポスターを、2枚、首から前後にぶら下げるのは不恰好だったが、そんなことは気にせず、視覚にも訴えて伝えられるように工夫した。

こんな行為が実は、私にとってのカミングアウトだったのかもしれない。

遭遇してしまった者の責任

私が裁判をしていることを知り、励ましてくれていたある年配の同僚が、「荒井さん、冤罪事件でもなんでも、それに向き合うことは大変だけれど、それはもう運命だとあきらめるしかないよ。そういうことに出会った人の『責任』として、腹をくくって闘うしかないんだよ」と声をかけてくれたことがある。その言葉は、「兄がこんなことに巻き込まれなければ、もっと自分がやるべき研究活動等に時間を費やせるのに」と、ときどきふとそんな思いがよぎる私の心を受けとめてくれているようで、そうだな、そういうものだなと励まされ、覚悟を新たにさせられた。

最高裁判所で上告が棄却されたあと、ホームページで棄却されたことを伝え、棄却の不当性を訴え、またその2か月後に、この裁判の意味を、当時問題となっていた大阪での教員攻撃ともからめて検討する研究集会を行った。これを裁判闘争の締めくくりの会と位置づけた。また、裁判闘争を終えるにあたって、その後の類似の事件に遭遇した人たちの参考にしてもらうために、たくさんの関連資料をアップしたホームページはそのまま維持していくことに決めた。[14] 敗訴ではあったが、この裁判闘争の過程をまとめた報告書をつくる、とも宣言した。この報告書はいまだ編集作業をはじめられない状況だ。自分で宣言したのだから、私自身の責任においてまとめなければならないのだが、他の仕事に追われてなかなか動きだせないうちに日々が過ぎてしまっている。

ところで、裁判闘争終結の挨拶をした私のeメールに、「闘争をやめてはだめだ」と強調して返信してくれた、ある学校の先生がいた。地方裁判所での法廷闘争の終盤に転勤となった私の夫が、転勤先で知り合った先生で、この裁判の意義を高く評価し、遠方から非常に熱心に支援してくれた。働きがいのある学校をつくっていくためには、教員同士がきめ細かく支え合い、人のぬくもりを感じさせる労働運動として、組合運動を展開しなければならない。それこそが学校での質の高い教育実践を支えることになるのだ。そういうことを、仲間とともに展開している具体的な組合活動をもとに教えてくれ、この裁判を組合としても支援してくれた。過労で倒れた教員の労災認定のためにも力を尽くし、退職されてからもその運動への支援を広く呼びかけていた。

また、講義「社会を変えるための実践論」で、私は昨年も自分の担当回でこの裁判のことを話したが、その講義の感想で、ある学生が、「先生がこの問題についての運動をやめてしまうのは悲しい。続けてほしい」と書いていた。昨年も、一昨年も、その前も、受講生の中には、親戚、知人など、自分のまわりで突然解雇された人がいたり、あるいは、自分の中学、高校時代の恩師が攻撃を受けて、異動させられたり、教員を辞めてしまう事件に遭遇している学生たちがいた。学生たちは講義の感想でそのことを書き、なかには、「先生が支援したから、お兄さんは幸せだ」と指摘する学生もいた。そのようなことを思い出しながら、「続けてほしい」と書いた昨年のこの学生の言葉に、不当解雇問題を深く受けとめている姿を見る思いがした。

私自身は、自分が志し、ずっと取り組んできた「社会教育」の研究と運動を、自分が社会に責任を負って行う仕事と考えている。従って、教員の不当解雇問題は、自分が研究や運動で責任を負う分野とは考えていない。一人の人間にそんなに多くのことはできない。教員の雇用・労働問題、学校教育での政治・権力問題、あるいは労働問題全体を中心課題として研究している人たち、運動している人たちに、是非、この法廷闘争の事例も生かしてもらえればと考えている。今はそんなふうに割り切っている。

一市民として遭遇したこの問題に、責任を負って関わったことは、恐らく自分自身の力にもなっているのだと思う。自分の研究分野に関わる運動においても、単に、応用できる力がついたというだけでなく、具体的に出会った運動や人々とのつながりが、問題を捉え、運動を広げていくうえで大きな力になっている。だから広く言えば、私は「続けている」のであって、やめてはいないのだけれど、しかし、「やめてはだめだ」と言ったその先生、「続けてほしい」と書いたその学生のメッセージを心に抱えながら、私はなお、割り切っている自分を見つめ続けている。

注

1 一般に「社会教育」とは、人々の学習・文化・スポーツ活動とそれを支える教育活動だと説明することができるが、法制度について言えば、日本には社会教育法（1949年制定）があって一定の規定を定めている。同法では、国・地方公共団体が「環境を醸成する」ことで奨励すべき「社会教育」として、第二条で、「学校教育法…略…に基づき学校の教育課程として行われる教育活動を除き、主として青少年及び成人に対して行われる組織的な教育活動（体育及びレクリエーションの活動を含む。）をいう」と規定している。

2 その後の裁判闘争の過程で調査した結果、兄が解雇された2003年度を前後する8年間で、「体罰」で「懲戒免職」された教員は全国でも一人だけ、「体罰」で懲戒処分を受けた人の88％弱は「戒告」「減給」にとどまっていること、さらにそもそも、「体罰」事件が起こっても、多くは懲戒処分すら受けず、「訓告」等にとどまっていて、その数は懲戒処分を受けた教員数よりはるかに多く、その倍近くに上っていることがわかった。この点は、控訴審（高等裁判所段階での裁判）の控訴人「準備書面（2）」でデータをもって主張しておいた。つまり、当時は、「体罰」事件では懲戒処分を受けることだけでもかなり厳しい処分に入り、まして、解雇など極めて稀なケースだった。

3　実は兄が校地外研修に出された際に、また、解雇された直後には正式に、所属していた教職員組合に相談したが、支援してもらえなかった。

4　ＮＰＯアンティ多摩が発行しているミニコミ「市民活動のひろば」に私が記事を書かせてもらい、同ＮＰＯ主催の小さな学習会「市民活動おはなし箱」で兄が報告させてもらったこともある。同ミニコミ送付時に傍聴要請のチラシを同封する等の支援もたびたび受けた。

5　湯本雅典、２０１０年製作。予告編は https://www.youtube.com/watch?v=03yhLsxkJaA　から観ることができる。

6　生徒の具体的な被害状況が「鼓膜損傷」であったことは、法廷での証人尋問ではじめて明らかにされ、傍聴席から大きなどよめきがおきた。

7　市教育委員会による「事故報告」の中の「事故聴取内容」欄では、生徒は「こぶしで3回くらい頬を殴られた」という架空の事柄が付け加えられ、さらに「顔の右側を革靴のままで一分くらい押さえつけられた」という虚偽も含む誇張した表現が使われていた。これについて、この被害生徒で、すでに卒業していた教え子が、この裁判のことを知って、自ら連絡をとってきてくれ、「殴られた」ことや「革靴」で「一分」も押さえつけられたというのは虚偽であると、また、自分は市教育委員会では事情聴取されたが、直接、校長から事情聴取されたことはないと陳述書に書いてくれた。さらに彼は、兄が自分への「体罰」を理由に解雇されることを望まないと明言し、前述のドキュメンタリー映画での取材にも応じ、兄の理科の授業を高く評価し、一生忘れることのできない教師としてその好印象を語ってくれた。

校長は東京都教育委員会による自分への事情聴取で、当時、目撃者の生徒から被害生徒への「説得」によって被害生徒から事情聴取したこと、また、被害生徒の保護者からは「疋田先生からはいろいろ指導を受け体罰として報告するつもりはなかったのに、なんで他の人から伝わるのですかと言われました」とも回答している（乙15証）。校長が保護者のこの発言をどこで聞いたのかはわからないが、校長にとって決して有利にはならないであろうことを校長自身が東京都教育委員会による事情聴取であえて述べているということから、保護者が校長による詮索を不快に思っていたことがわかるこの発言内容には信憑性があると思われる。

8

兄は10月3日、同日付の文書で校長から、10月6日（月）より校地外研修に従事することを命じられた。しかしこの文書を受け取ったその同じときに、さらに校長から、10月4日のソフトテニス部の練習の指導と10月5日の同部の公式大会出場における引率指導も命じられた。兄が校地外研修に出された背景に、ＰＴＡ役員会代表名による「要望書」があり、そこには、「このまま疋田教諭を教壇に立ち続けさせれば、大人全体に対する生徒の不信感が育ってしまうのが、とても恐ろしいです」、「生徒の前に立たせる前に、生徒を教える資質に欠ける教員、指導力不足の教員には、システムにのっとった厳しい研修を課すことを強く望みます」と書かれていた。従って、校地外研修と同時に、兄にソフトテニス部の指導を命じる命令は、この「要望書」にみられる判断、これに呼応して出された校地外研修従事の命令の、その根拠を疑わせるような命令であり、校長による命令のちぐはぐさを際立たせるものだった。ところでこの公式大会の日、大会が終わったあとで、兄は指導していた女子部の生徒たちに、次の日から校地外研修に出ると伝えた。そこで生徒たちは、今後兄から指導してもらえなくなるとわかり、驚き、残念がったという。この間の「事件」の展開を詳しく知っている生徒は多くはなかったが、なかには、くやしがり、涙をながした生徒もいたという。

9 これは兄の選択理科での植物園見学の実施を難しくした。夏季休暇中、部活動のための徒歩での登下校で熱中症になる生徒もでた。

10 ＰＴＡ役員会代表名での「要望書」については、そこに書かれていた兄を批判する事柄について、法廷闘争で、兄自身が一つひとつ反論するだけでなく、教え子が自分の体験と、自分が知らないことについては当時関係していた生徒たちや自身の母親への聞き取り調査から、それらが虚偽曲解であることを実証する陳述書を書いてくれた。ところが、裁判官は法廷では自ら、処分決定におけるこの取扱いの不備を指摘していたにもかかわらず、判決では、この要望書についても、体罰事件の場合と同様に、その虚偽問題には触れず、やりすごした。

11 本稿をまとめた後、同僚の島本美保子さんから、最近出版された瀬木比呂志著『絶望の裁判所』（講談社現代新書、２０１４年）のことを教えてもらった。この本は私が体験した裁判の背景にある司法の世界の問題を赤裸々に紹介している。

12 兄は当時、生徒と保護者に謝罪したとはいえ、自分が行ったことは「体罰」にまではあたらない、「強い指導」だと考えていた。こうした考え方は教員の中に広がっていた。兄はその後の経過を経て校地外研修に入り、考え方を改め、「体罰」であったと認識する。なお処分者側は、この兄の反省、学習成果を虚偽とし、研修の成果として認めなかった。

13 浅野健一著『犯罪報道の犯罪』講談社文庫、１９８７年。新版は新風社文庫、２００４年。

14 アドレスは http://homepage3.nifty.com/bungenmenshoku/index.html だったが、２０１６年より移

動しhttp://www.t.hosei.ac.jp/~yarai/bungenmenshoku/index.html に変わった。

PART Ⅳ　世界とつながる

第8章 グローバル市民社会と私たち

吉村真子

はじめに——国を超えて

グローバル化が進行している今日、私たちが生活している社会は、さまざまな形で海外につながっている。経済のグローバル化で、国境を越えてモノ、カネ、ヒト、情報・サービスが移動しており、私たちの生活は海外とのつながり抜きには成り立たないのが現状である。

ただ世界には先進国も開発途上国もある。世界の人々のおよそ半分は1日2ドルの貧困ライン以下で生活をしており、そうした貧困層は開発途上国に集中している。先進国と開発途上国の経済格差は歴史的に形成されたものであり、植民地支配の歴史を持つ開発途上国は、独立後もモノカルチュア型経済構造からの脱却が課題であったが、産業開発や格差の拡大など、貧困や格差は構造的なものである。そうした歴史的背景や貧困の構造を考えると、開発途上国のことをよその国のことと考えるのではなく、先進国の私たちとどうつながっているのか、先進国にいる私たちは開発途上国の人々とどういった関係を持つべきか、常に考えていくことが大切だ。

そうした中で近年、キーワードとして言われているのが「公正（Fairness）」、「ソーシャル・ビジネス（社会的企業）」、「ＢＯＰ（ピラミッドの底：低所得者層）ビジネス」、「エシカル（Ethical：倫理的）」といった言葉だ。本章では、そうしたキーワードを中心にして、グローバル化社会において開発途上国の人々とどう付き合うのか、先進国にいる私たちが開発途上国の問題に対して何ができるのか、日本の若者が実際に行動を起こしたケースも含めて、いっしょに考えてみたい。

公正（Fair）であること

現在のグローバル経済は、自由主義の市場経済を中心として、自由貿易協定（ＦＴＡ）や環太平洋戦略的経済連携協定（ＴＰＰ）といった自由貿易や経済連携の枠組みが進められている。しかし、先進国と開発途上国が貿易や取引をする際には、多くの場合、先進国や大企業に有利なようにルールや価格が決まり、開発途上国の人々は必ずしも十分な報酬や恩恵を受けていないのが現状である。

「フェア・トレード」とはそうした世界の実情から、弱い立場の開発途上国の生産者・労働者の労働に見合った「公正・適正（fair）」な価格で取引・貿易をすることであり、それによって開発途上国の人々の生活向上や自立を促すことが目的とされる。

実際には、フェア・トレードの商品は、一般的な商品よりも価格が高かったり、品質が見合っていなかったり、一般の市場ではなかなかうまくいかない場合もあるが、生協が生産者と連携しながら生産や商品開発を進めたり、大きな企業がフェア・トレード商品を部分的に取り扱うことで企業イメージを向上させようとするケースなども出てきている。その商品が公正な取引で扱われたものであることを示すために、フェア・トレード認証マークもできている。

フェア・トレードは、先進国の私たちがそうした商品を選択することによって、企業の取引や貿易のあり方に影響を与え、開発途上国の生産者や労働者に対して適正な対価が与えられることになる。

歴史における欧米列強の植民地支配を考えると、コーヒー、カカオ、砂糖などはそうした歴史を示す象徴的な作物でもある。植民地におけるプランテーション（大規模農園）と多数の労働者の動員と搾取、植民地からの資源と利益の収奪、独立後の労働者の低賃金や児童労働の利用などを考えると、コーヒーやチョコレートのフェア・トレード商品が出ているのは象徴的なことである。

日本のＮＧＯのＡＣＥ（エース）は、開発途上国の児童労働をなくすことを目的とし、「子どもの搾取に反対する行動（Action against Child Exploitation）」という名前をつけ、１９９７年に学生5人で設立された（2005年にNPO、2007年に認定NPO法人に認定）。ACEはインドとガーナで子どもを危険な労働から守り教育を支援する現地プロジェクトの実施、日本での啓発活動、政府や企業への提言活動、ネットワークやソーシャル・ビジネスを通じた活動を行っている。代表の岩附由香さんは大学院時代にACEを起業。設立のきっかけは、1997年に児童労働の廃絶を訴えて世界107か国を行進する「児童労働に反対するグローバルマーチ」の日本での実施団体がないことを知ったことだった。日本での実施に向けて一晩で趣意書を書き上げ、現事務局長の白木朋子さんも誘って学生5名でACEを立ち上げ、インドとスイスのジュネーブでもマーチに参加し、日本では東京と大阪でマーチを実現した。当初は6か月限定のNGOとして活動を開始したが、その後、児童労働に反対するイベントや啓蒙活動を進め、2002年にはインドで「子どもにやさしい村」プロジェクトを開始している。またアフリカのカカオ収穫に児童労働が多く使われていることから、2009年からガーナでカカオ農家の支援を行う「スマイル・ガーナ・プロジェクト」を始め、子どもたちが学校に通えるように活動を行っている。そしてバレンタイン・デーのチョコレートも啓蒙活動と並行して、フェア・トレード機構のHand in Hand 基金の認定を受けた原料を使ったスイスのマエストラーニ社のてんとう虫のチョコレートを販売して話題になった。

植民地支配の下でプランテーションが開かれた歴史や現在も児童労働が多く使われているアフリカのカカオ農園のことを考えると、チョコレートを手に取る際に、このカカオは誰がどう収穫したのだろうか、バレンタイン・デーのチョコレートはどういったチョコレートを選ぼうか、と考えることになるだろう。

このように歴史的背景や経済構造から先進国と開発途上国との関係を考える時に、「フェア（公正・適正）」であることは重要なポイントとなるのである。

ソーシャル・ビジネスとBOPビジネス

ソーシャル・ビジネスとは

ソーシャル・ビジネスとは、社会的企業と訳され、社会的な課題を解決するために、社会貢献活動を継続的な事業活動で行うことを目的とする。

ソーシャル・ビジネスにはいくつかの種類がある。まず第1に営利活動の形態をとるものであり、グラミン銀行やザ・ボディショップなどがあげられる。第2にNPO（非営利団体）の形態をとるものであり、NPOフローレンス（病児保育サービス）やかものはしプロジェクトなどが知られている。そして第3に複数の企業とNPOを組み合わせたポートフォリオ形態をとるものであり、『ビッグイシュー』プロジェクトはこれにあたる。

ソーシャル・ビジネスは、単なる慈善やチャリティとしてお金や物をあげて支援をしようというのではなく、ビジネスとして行うことで継続性をもつことと支援される側にも自立を促すことが大きな特徴となるのである。

たとえば1991年に英国ロンドンで始まった『ビッグイシュー』プロジェクトは、ホームレスの人が雑誌『ビッグイシュー』を販売することで収入を得て、経済的自立を目指していくシステムである。日本では2003年に始まり、当初、日本では受け入れられないのではないかという懸念があったが、今では街角で『ビッグイシュー』を掲げて販売する姿はあちらこちらで見る風景となっている。同プロジェクトはビジネスの可能性から有限会社として立ち上げ、雑誌を売るホームレスの人を代理店・自営業者として位置付けており、認定NPO法人ビッグイシュー基金のホームレス支援活動と連携しながら活動を行っている。このように、ホームレスの人をお金や物で救済しようというのではなく、彼らの経済的自立に直接につながるようなビジネスを行い、活動することに意味があるのだ。

開発途上国の支援を行う日本のソーシャル・ビジネスでは「かものはしプロジェクト」がよく知られている。同プロジェクトは、アジアの子どもの人身売買を防止することを目的として活動しており、カンボジアやインドの農村の女性に対して技術指導を行い、工芸品などを作る工場を作って支援することで、女性たちの経済的自立と地域の女児の人身売買を防止する活動につなげている。

かものはしプロジェクト代表の村田早耶香さんが現在の活動を始めたきっかけは、大学2年生の時にスタディ・ツアーに参加して東南アジアのNGOで母子感染でHIVに感染した少女に出会ったことである。帰国した村田さんは開発途上国の人身売買・性産業や児童買春について勉強をして、大学の国際協力の授業で「5分だけ話をさせてください」と言って学生に話をし、世界会議で報告をするまでになる。それでも、その惨状を変えられない現実に悩んでいた時に、ベンチャー・ビジネスを考えていた青木健太さんと本木恵介さんから、それなら自分たちで変えていくために活動をするべきだと言われて、3人で2002年にかものはしプロジェクトの活動を開始している。

かものはしプロジェクトは、カンボジアの貧しい農村で、①コミュニティ・ファクトリーを作り、大人（とくに女性）に仕事を提供し、子どもに教育を受けさせ、②孤児院を支援して、売られてしまいそうな子どもを保護し、教育や職業訓練を受けさせ、③警察の訓練やホットラインの設置で、子どもの買春や人身売買を取り締まるように支援している。

とくに農村の女性に職業・技術訓練を行い、工房での仕事を行わせることによって、地域の女児の将来への展望も得られ、子どもが売られていくことがなくなっていく。また同時に、子どもの人身売買や児童買春をなくすためには、そうしたことをビジネスにする構造を変えていくことが重要であることから、子どもを売る売春宿や買春する人を取り締まるための警察官の研修なども行っている。2009年からはカンボジアの内務省、警察、そしてUNICEFや他のNGOと協力して警察支援プロジェクトを始め、同支援プロジェクトのWebサイトの制作もかものはしプロジェクトが中心となって行っている。

大学に入った頃、村田さんは将来は専業主婦になりたいと漠然と思っていた。そんな村田さんが東南アジアのスタディ・ツアーをきっかけとしてアジアの売られていく少女たちを救いたいと行動を起こしたことは彼女自身にとっても大きな出来事であった。開発途上国の少女たちのために何かをしたい、そうした悲惨な状況を変えたいという思いが彼女を前に進ませたのである。

BOPビジネス

BOPビジネスとは、低所得者層・貧困層を対象としたビジネスである。BOPとはBase of the Pyramid（もしくはBottom of the Pyramid）のことであり、世界の所得人口構成のピラミッドの底辺に位置する低所得者層を対象とするビジネスである。現在、年収3000ドル以下の人々が世界に約40億人いると言われている。彼らは世界人口の7割を占め、所得の総計で考えると5兆ドル規模であり、日本の実質国内総生産に相当する規模となる。

従来は、市場において低所得者層は購買力を持たないグループとして企業がターゲットとする対象とはしてこなかったが、世界経済における先進国の不況や将来の開発途上国の発展の可能性からも、世界の低所得者層の存在の大きさが注目されるようになった。低所得者層をビジネスの対象とすることによって、企業の利益も追求しつつ、低所得者層の生活改善にも貢献できるWin-Winのビジネス・モデルとしての可能性が提起されるようになってきたのである。さらには、当初はBOPビジネスの消費者としてのみ捉えられてきた低所得者層も、生産者や流通者といった形でも位置付けられるようになってきた。

ＢＯＰビジネスにおいては、①買いやすさ（Affordability）、②アクセスの良さ（Access）、③手に入りやすさ（Availability）の３つのＡがポイントとされる。すなわち、低所得者層は日雇いの仕事などで収入が低く、また買い物などは行動範囲も狭いため、①小袋などにして価格を安くした方が買いやすく、②近所の店などで、③常時手に入るといったことがポイントになるのである。またほかにも受容可能性（Acceptability）や意識（Awareness）のＡも考慮すべきであろう。

ＢＯＰビジネスのケースとしては、グラミン銀行が欧米や日本の企業と提携したグラミン・フォン、グラミン・ダノン、グラミン・ユニクロ、グラミン・雪国まいたけなどのほかに、洗剤・シャンプーなどのユニリーバやＰ＆Ｇ、食料品の味の素やヤクルト、防虫オリセットネットの住友化学、浄水剤・浄水器の日本ポリグルやヤマハ発電機、家電のフィリップス、太陽光発電の三洋電機などがよく知られている。

ＢＯＰビジネスでは、単に低所得者層に買いやすい形で販売して収益を上げていくというだけでない。たとえば調味料なら買いやすい価格の小袋を売るだけでなく一緒に調理方法や栄養について教えることで、栄養教育・食育教育を行う。また小型石鹼や小分けの消毒薬については手を洗うことの重要性や衛生や健康・保健についての教育も行う。そうしたことで低所得者層の生活の向上と改善につながり、将来の市場の拡大にもつながっていく。

グラミン銀行

バングラデシュのグラミン銀行は、ソーシャル・ビジネスのもっとも有名なケースである。グラミン銀行は１９８３年に経済学者ムハマド・ユヌス氏が創設し、低所得者層に対する少額融資（マイクロ・クレジット）の事業で、２００６年のノーベル平和賞も受賞している。グラミンとはベンガル語で農村の意味である。

グラミン銀行は、低所得・貧困層、とくに女性を対象の中心にしており、無担保・低金利で少額の金額を貸し付けている。５人一組の互助グループを形成することを特徴とするが、連帯保証の形式はとらない。商業的な貸し付けの対象としないような貧困層に融資するだけでなく、９割以上という高い返済率を達成した。

グラミン銀行の成功は世界的に注目され、貧困層の自立を支援する少額融資の試みは、南アジアに限らず、東南アジア、ラテンアメリカ、アフリカにも広がり、１９９０年代以降の先進国の不況で先進国の都市部貧困層にも同種の少額融資のプロジェクトが実施されることともなった。

またソーシャル・ビジネスとして、欧米や日本の企業との合弁事業も行っている。

たとえばグラミン・フォンはボーダフォンとの合弁事業であるが、携帯電話を安く提供することで低所得者層もビジネスに電話を利用できる仕組みを作った。具体的には、ネットワーク・インフラを提供するグラミン・フォン、携帯電話サービスやオペレーター研修などを提供するグラミン・テレコム、携帯端末を購入して携帯電話サービスを村の住民に提供するビレッジフォン・オペレーター（テレフォン・レディ）といった形で、多くの人々がビジネスに参加し、村に一人のテレフォン・レディを配置して、携帯電話のレンタル事業として成功を収め、また農村の女性の経済的自立にもつながっている。

またグラミン・ダノンは、ダノンとの合弁事業としてヨーグルトを安価に提供し、低所得者層の栄養状況を向上することにも貢献している。日本のヤクルト・レディと同様にダノン・レディといったシステムを作り、女性の雇用と販売のネットワークも作っている。

日本との合弁事業としては、グラミン・雪国まいたけがもやしの原料となる緑豆をバングラデシュで作り、市場価格よりも少し高く買い取ることで生産者への支援となっている。

グラミン銀行は日本の企業との提携を求めており、ムハマド・ユヌス氏が来日をした際には企業と商談も行っているが、グラミン銀行は事業の提携にあたって事業の収益を自国に送らず、バングラデシュ現地に再投資してほしいと要請しており、その条件では中小企業には難しい。しかし、グラミン・グループのさまざまな事業での成功やバングラデシュ現地でのネットワークなどを考えると、大手の企業であればバングラデシュ現地の市場進出や将来の購買層の拡大を視野に入れて考えることも可能であり、新規のビジネスの機会として提携で得られる可能性も大きい。

エシカル（Ethical）であること

エシカル（Ethical）とは「倫理的」「道徳的」といった意味を持ち、社会や環境に配慮した工程・流通で製造された製品を選択することをさし、開発途上国の生産者や労働者を搾取していないこと、児童労働を使っていないこと、環境を破壊していないこと、といった環境保全や社会貢献を視点にしている。たとえばレジ袋を使うことは資源の無駄使いであるとともに自然に還らないプラスチックのごみを出すこととともなるので、エコバッグを持ち歩こう、といったことである。また農薬や化学薬品の使用をできるだけ減らすといったこともエシカルなことである。有機（オーガニック）の原料や素材を使うといったことだけでなく、化学薬品を使わないといった工程や、フェア・トレードといった流通経路まで配慮するのが特徴となっている。そうした面に配慮したエシカル・ファッションは米国のセレブにも人気となっている。

また「ブラッド・ダイアモンド」（レオナルド・ディカプリオ主演）というハリウッド映画があるように、宝石は紛争当事者の資金源になることも多い。しかも宝石の採掘から販売までの過程では、開発途上国での採掘現場での過酷な労働や低賃金、児童労働の利用、化学薬品の使用、利権や宝石商の寡占など、さまざまな問題が指摘されている。

日本のエシカル・ジュエリーとして知られている「ＨＡＳＵＮＡ」は、白木夏子さんが学生時代に恋人から「宝石は買いたくない」と言われたことから始まっている。彼女は宝石の背景にそそういった問題があることを知って、宝石は大切な記念やプレゼントに使われるものでもあり、そうした「負の要素」がないジュエリーを作りたいと思った。宝石の採掘からデザイン、加工、販売までの工程、そしてそうした工程に関わる採掘労働者や職人、デザイナーまで、労働搾取や薬品使用などがない、労働環境や自然にも配慮した工程となるようにした。またデザインと加工については、商品として品質の高いものとして売れるように努力した。HASUNAの日本のオフィスでは女性スタッフが妊娠・出産・育児といった側面にも配慮された働き方をしている。エシカル・ジュエリーを通して、搾取や貧困の問題を解決することを目指すだけでなく、ビジネスとしてきちんと成功させることを目指していることが高く評価できるケースであろう。

宝石については欧米では伝統的な売買や流通の寡占構造ができており、また紛争地での利権や構造なども考えると、当初はそうしたエシカルな理念を持って宝石の商売をすることに対して、暴力的な妨害や脅しなど身の危険があるのではないかと白木さんに助言や懸念を伝える人も多かったという。しかし実際に始めてみるとそんなことはなかった、と白木さんは言っている。英国の大学院に留学し、国際機関のインターンをした、という経歴を聞くとスーパーウーマンと思うかもしれないが、宝石のビジネスについては白木さんも素人として一から学んでいった。まずはやってみること、そしてやり方を学んでいくことが大事だということを白木さんのHASUNAのケースは示している。

私たちのできること、やるべきこと

グローバル社会に生きるということは、海外とのつながりや自分の生活をさまざまな視点で見ていくことが求められる。自分の食べているもの、身に着けているものがどこから来ているのか。それはどういった人が作って、その人はどういった暮らしをしているのだろうか。そしてその人の国の文化はどういったものなのか。そういったことを考えることが大切だ。

ネスレが赤ちゃん用の粉ミルクを栄養面で優れていると開発途上国で売って、現地の人が不衛生な水で溶いたり、高額なために過度に薄めたりしたために、赤ちゃんが下痢で病気になったり死亡したりなどで、国際的に大きな問題になり、ネスレ商品のボイコット（不買）運動が1977年に世界に広がった。開発途上国の実情から言えば、母親の母乳がもっとも安全であろうし、水の安全性などを考慮せずに売ることだけを考えるとそうしたケースが起こるであろう。また1990年代にはスポーツメーカーのＮＩＫＥ（ナイキ）がアジアの委託工場での低賃金や労働条件、従業員への虐待などの問題から、世界的なボイコット（不買）運動が起こったこともあった。当初ＮＩＫＥは下請けの委託工場のことなので関知できないとしたが、ボイコット運動の広がりによって、全社的に労働や環境への配慮や児童労働を使わないといった管理とチェックを行うという企業倫理の方針を発表することとなった。同社は経理監査と同様に労働・環境問題の専門の監査会社に委託して監査を実施している。こうしたケースでわかることは、現在は企業の経営倫理や方針が国際社会の中で問われるようになっており、市民が消費者として企業に対してノーという声を上げることが企業の姿勢を正すことにつながっていくということだ。

そもそも企業は、企業活動を行う上で収益を上げることを目的として、収益を上げれば上げるほど良い企業であると評価されてきた。しかし近年、企業はコンプライアンス（法令遵守）やトレンスパレンシー（透明性・情報公開）が求められると同時に、企業の社会的責任（ＣＳＲ）として社会貢献も求められるようになってきた。また法令遵守も単に法律や規則を守ればいいというものではなく、企業としての倫理（モラル）や社会的規範も含まれるという考え方もある。

グローバル化の中で私たちの生活は大きく変わっており、経済のあり方や企業のあり方も変わってきている。私たちが生きていく中でどういった世界、どういった社会がいいのか。以前なら開発途上国のことや企業のあり方は、私たちとは関係ないところで決まっていたかもしれないが、今は違う。開発途上国の人々の暮らしも企業のあり方も、私たちの行動や声で変わるかもしれない。私たちが消費者としてどういった商品を選ぶか、働く職場でどういった選択をするか、といったことで世界や社会が変わる。あなたの選択や行動が世界の未来につながっている。

参考文献
岩附由香・白木朋子・水寄僚子『わたし8歳、カカオ畑で働きつづけて』合同出版、２００７年。

ジョセフ・スティグリッツ、アンドリュー・チャールトン著、高遠裕子訳『フェアトレード――格差を生まない経済システム』日本経済新聞出版社、２００７年。

Ｃ・Ｋ・プラハラード『ネクスト・マーケット――「貧困層」を「顧客」に変える次世代ビジネス〔増補改訂版〕』英治出版、２０１０年。

村田早耶香『いくつもの壁にぶつかりながら』ＰＨＰ研究所、２００９年。

Campbell, Greg (2002). *Blood diamonds: tracing the deadly path of the world's most precious stones*. Boulder, Colo: Westview Press.

第9章 人類史の流れを変える
グローバル・ベーシック・インカムと歴史的不正義

岡野内 正

はじめに

グローバル・ベーシック・インカムということばを聞いたことがあるだろうか。その内容を知ったら、世界が違って見えるかもしれない。

この章では、とてつもなく大きな話をしたい。それは同時に、とても身近な、小さな話でもある。ひとりの人間の人生は短い。世界史の年表の中にしるしをつければ、ほんの小さな点でしかない。ひとりの人間の存在じたいが小さい。地球儀を取り出してしるしをつければ、ほんの小さな点にもならないくらい。

そんな自分と地球上の76億のひとりひとりの人間たちが、同じ時を生きている。地球上に生命が生まれて、人間が登場して、今では76億人が生きている。一緒に生きて、人類の歴史を作っている。世界史の年表を前に進めているのは、私たちひとりひとり。

未来のキャンバスに向かって、76億人が筆をもって絵を描いている。……どうせなら、すてきな絵にしたいなあ。みんなで声をかけあって世界の貧困や飢餓から階級社会まで、人類史の流れを考えることによって、国際社会で生きていく私たちはどう考え、どう手をつないで進んでいくべきか。より良い未来を夢見ながら、みんなで未来のキャンバスを描くような議論をここでしてみたい。

根本原因を考えよう

援助疲れ

開発援助に携わる政策担当者や活動家、研究者の間で「援助疲れ」ということばがある。アフリカやアジア、ラテンアメリカの飢餓や貧困をなくすためにいくらがんばって活動しても一向に事態が改善しない。もう疲れちゃったよ、という援助する側の実感を表すことばである。筆者もいくつかのNGOに深くかかわってきたので、気持ちはわかる。だが、退廃的で、いやなことばだと思う。理由は二つ。

第一に、21世紀になっていまだに人類76億人のうち9億人が必要な栄養を摂取できずに死にかけているという現実。それを前に、私は、そういう人助けに疲れちゃった、と言うことの倫理的な無神経さ。いわゆるいい子ぶるって、疲れるのよね、という冗談の次元とはわけが違う。ほんとうに良いことをやることに疲れてはいけない。疲れるようなやり方が良くないのだ。そうでないと、だれも良いことをやらなくなる。倫理的退廃である。

第二に、疲れるようなやり方を反省し、分析して根本原因を探らないことの知的退廃。「援助疲れ」などと言うひまがあれば、なぜ援助は失敗したのか、そもそもなぜ飢餓と貧困がなくならないのかの根本原因を探らなければならない。

同じことは、あらゆる種類の社会を変える実践についても言える。「活動疲れ」しないためには、心をきりりと引き締め、頭をぎゅっと絞らねばならない。

社会現象の根本原因を探るには?

およそ現実の世界で起こっている現象を分析する場合には、漠然とした印象で現象を論じるのではなく、現象を構成する諸事実を、空間と時間の軸の中に整理し、因果関係を考察する必要がある。

世界の飢餓と貧困という現象の場合には、貧しい人々が住む地域と豊かな人々が住む地域という地理的(空間的)な違いを、人類史(という時間)の中で考察しなければならない。ただし、ここで注意しなければならないのは、飢餓や貧困のような社会的な現象の場合には、社会的な空間と時間という独自な尺度をもって観察しなければ、大事なことを見落とすことになるということだ。

社会的な空間は、社会を構成するひとりひとりの個人を取り巻く狭い範囲の小さな、ミクロ（微視的）な社会空間と、そんなミクロな世界での行動が、あるやり方で関係しあって、ある種の仕組みが構成されている人類社会全体のマクロ（巨視的）な社会空間から成る（ドイツの社会学者ユルゲン・ハーバーマスが『コミュニケーション的行為の理論』で整理しようとしたように、ここでいうミクロ社会空間を「生活世界」、マクロ社会空間を「システム」と呼んでもいい）。そして個人の生活時間からなるミクロな社会空間での時間の流れと、さまざまな文明が滅び、勃興してくる世界史上のさまざまの時代からなるマクロな社会空間での時間の流れは、当然、異なる。空間や時間が物理的に異なるのではなく、私たちが観察する場合に、観察対象に応じて異なる尺度をもたなければ見えないことがあるということだ。木の生育状況はその木に近づいて観察しなければわからないが、森全体の生育状況は、高い山の山頂か、空からしか観察できない。葉の細胞の光合成と呼吸は、夜と昼との交代がある1日の中の時間の単位でしか観察できないが、そうやって生育する植物の個体の成長は、せめて週単位以上でないと観察できない。

飢餓と貧困の根本原因は？

世界の飢餓と貧困をなくそうとして活動する。プロジェクトを立ち上げ、動かす。それらの個々の活動実践は、あくまでミクロ社会空間でのできごと。世界の飢餓と貧困が、マクロ社会空間の仕組みそのものからくるとすれば、ミクロな活動実践がマクロな仕組みを変える動きにつながらないかぎり、ミクロな動きは、まさにミクロな誤差として処理されてしまい、マクロな仕組みに埋め込まれた飢餓と貧困はなくならない。効果が得られなければ、当然、疲れてしまう。それが「援助疲れ」だ。

では、世界の飢餓と貧困の根本原因を、マクロな社会空間と時間の尺度で考察するとどうなるか。

まず、原始的な道具を用いるようになって開始される人類史上の原始時代は、生活手段の獲得をほとんど全面的に自然環境に依存する。だから、自然環境の変化こそが飢餓と貧困の根本原因だったと考えていい。

ある人間集団が別の人間集団を支配するようになった時が、文明時代の始まりだ。それとともに、自然環境よりも社会環境すなわちマクロな社会空間での仕組みの変化が、飢餓と貧困の根本原因になってきたと考えられる。すなわち征服戦争による人間そのものの殺戮や道具化（奴隷化）、生活手段や生産手段（土地などの自然資源と道具）の暴力的獲得と支配すなわち所有である。マクロな社会空間は、所有を基準として支配階級と被支配階級（所有者階級と非所有者階級）とに分割され、独特の仕方で構成されるようになった。

原始時代には、自然環境の変化によって、人々は、ほぼ等しく飢餓と貧困にさらされた。だが文明時代では、たまたま支配階級に属する個人は、被支配階級から奪った富を所有しているので飢えることはない。しかし被支配階級に属する個人は、自らの富をわずかしか持たず、飢えと貧困の恐怖にさらされる。それは人類最初の四大文明の時代から21世紀の今日まで変わらない。

以上の考察から、人類が原始時代から文明を築く時代に入る際の、暴力的な征服による所有関係の設定を起源とする、支配階級と被支配階級とからなる階級分割社会というマクロな仕組みこそが、飢餓と貧困の根本原因だと言える。

歴史的不正義からの正義回復とグローバル・ベーシック・インカム保証

このような階級社会の起源となる暴力を、歴史的不正義と呼ぶ。下剋上の革命によって支配階級が交代、逆転しても、階級分割社会の仕組みそのものが変わらなければ、新しい歴史的不正義が加わっただけである。したがって、歴史的不正義をなくし、正義回復を実現するためには、支配階級と被支配階級という階級分割に基づかない社会へと、マクロな社会の仕組みを変えなければならない。これまでのように谷間で水がぶつかりあってしぶきをあげる激流から、原野を流れる滔々とした大河へと、人類史の流れを変えねばならない。

原始社会は、暴力的な征服によって所有・非所有の関係が設定されなかったために、階級分割はおろか、階級という概念そのものが存在しない社会として考えられる。人類の歴史について、ようやく神話や宗教の束縛から離れて自由に考えて議論できるようになった19世紀に入るころ、主として欧米の人々の中から、そんな歴史上の原始社会を研究する歴史学や考古学が生まれてきた。同時に、文明から相対的に孤立した世界各地の先住民社会を対象として、原始社会について類推する人類学的な研究も開始された。こうして19世紀には、所有も階級もない原始社会の仕組みは、諸個人が平等であった原始共産制社会として注目された。それは、人々が平等に生産に従事し、富を分かち合う共産主義社会という未来社会のモデルとされるようになった。

こうして、共産主義社会を目指すという社会を変える実践が始まった。それは特に20世紀を通じて人類全体に広まり、今でも続いている。けれどもこれまでのところ、このような実践は、ことごとく失敗に終わった。

1917年のロシア革命に始まる、共産主義社会を目指す人々による一連の「社会主義」革命は、私的企業や諸個人の所有権を、「社会的所有」に移すと称して取り上げ、党と国家のエリート階級の所有とし、「社会主義社会」という名の新しい階級分割社会を創りだした。その結果、被支配階級である非党員や一般の国民の不満が高まり、1991年までにはソ連や東欧諸国の社会主義政権は崩壊し、アメリカなどのグローバル資本主義に飲み込まれる形で、再び私的企業や個人の所有権を保証する資本主義的な階級分割社会の仕組みに移行した。中国、ベトナム、キューバなど、社会主義政権が崩壊に至らない場合でも、事実上、同様の資本主義的な階級分割社会への移行が進行した。

こうして、資本主義的な階級分割社会でもなく、私的企業や個人の所有権を否定して、共産主義を目指す社会主義的階級分割社会でもないような、新しいマクロな社会空間のイメージが求められるようになった。すべての個人の所有権を尊重する階級社会でありながら、しかも階級分割社会ではないような、マクロな社会空間の仕組みはありうるか。この問いに答えるものとして脚光を浴びてきたのが、グローバル・ベーシック・インカム保証社会である。

グローバル・ベーシック・インカムとは?

無階級ではなく単一階級社会

グローバル・ベーシック・インカム保証社会は、原始社会の無所有への観察から共産主義者が夢想した、無所有ゆえに無階級という社会ではない。地球人類すべての個人の所有権を平等に保証し、すべての個人が、自分自身の基本的な生存欲求を充たすための生活手段の所有者であり続けることを保障できるように、生産手段の所有権に制限をかけることによって、階級分割社会の出現を防ぐという仕組みである。したがってそれは、すべての人が所有者階級（有産者階級、あるいは小ブルジョア、プチブル階級といってもいい）に属する単一階級社会である。

近代市民社会と呼ばれる、自分の生産手段をもつ市民からなる単一階級社会というマクロな社会モデルの理想は、トマス・ホッブズからジョン・ロックに至る17世紀のイギリス市民革命期の人権思想の基礎を築いた民主主義思想家たちを強力に突き動かした。彼らはそんな単一階級社会の理想と、階級分割社会の現実との間で格闘した。19世紀初頭以降20世紀後半に至る自由民主主義思想の4つの流れ（功利主義、発展主義、均衡主義、参加主義）の中では、やや異なる次元ではあるが、同じ理想と現実との格闘が続いた。カナダの政治学者C・B・マクファーソンが、『所有的個人主義の政治理論』と『自由民主主義は生き残れるか』の中で、そのような格闘をみごとに分析している。ただし、政治学者マクファーソンは、ベーシック・インカム保証の議論を知ってはいたが、それが資本主義的な階級分割社会の仕組みを組み替えて、単一階級社会を実現する経済の仕組みとなりうる点を解明するには至らなかった。

市場が制御する社会ではなく、社会が制御する市場

グローバル・ベーシック・インカム保証社会は、現物ではなく貨幣所得の形で、地球上すべての個人に対して、少なくとも基本的生存欲求だけは充たせるような生活を営むための生活手段の獲得を保障する。つまり人類ひとりひとりの生涯にわたって、生活費の仕送りが受けられるようにする。

お金を受け取っても、それで必要なものが買えなければ役に立たない。つまり、世界中で全人類が生存できるだけの必要物資が生産されて、それが世界の市場に売りに出されていなければお金で買うことはできない。1970年代以降の経済のグローバル化によって、20世紀末までにはそんな条件が充たされるようになった。同時に進行した、コンピュータを利用するIT（情報技

術）革命と生産工程でのロボットの登場によって、フル稼働すれば、わずかの労働力を投入するだけで、76億人の全人類に供給して余りある必要物資を生産して流通させるだけの生産設備を整える条件も充たされてきた。

だが現実には、世界の生産設備の多くが、76億人の人類がいますぐ必要とする生活必需品ではなく、ミサイルや空母のような兵器、軍需物資、核関連施設や巨大建築物などの生産に向けられている。なぜか？ 76億人の人類ひとりひとりにはお金がないが、各国（とりわけいわゆる先進国）政府や巨大企業にはお金があるからだ。必要として欲しがっているだけでなく、買うだけのお金をもっている人（有効需要と呼ばれる）のために物を作るのが市場経済の仕組みだ。今日の人類社会は、この市場経済の仕組みにしたがった結果、さまざまの理由でお金をもたない地球上9億の人々を、飢餓と栄養失調に追いやっている。お金を払ってくれない人に食べ物を渡すことはできない。とすれば、渡せない食べ物を作るのではなく、お金を払ってくれる人が注文するものをつくるしかない。それが市場経済なのだ。ならば、人類社会76億人が一致団結して、政府と巨大企業に集中したお金をひとりひとりに分ければいい。そうすれば、市場経済は、このような有効需要の移転にしたがって、76億人の生活に必要な物資の需要に向けて転換することになる。

市場に翻弄される労働者から、市場を超えて独立した経済主体へ

それだけではない。すべての人が所有者階級に属することになるグローバル・ベーシック・イ

ンカム保証社会では、深刻な失業問題やワーキングプア問題や女性・外国人差別を生み出すような労働市場の格差構造に翻弄され、苦しんできた賃金労働者階級がなくなる。マクロな社会の仕組みを構成する階級として消滅する。それはこういうことだ。

現代の資本主義社会で、地代や株式配当の収入だけで暮らせる点で地主階級や資本家階級に属する人々の多くは、同時に会社勤めで給料をもらう賃金労働を行っている。それと同じように、グローバル・ベーシック・インカム保証社会のもとで人々の階級への所属がかわっても、賃金労働が消えるわけではない。また自営業や企業経営がなくなるわけではない。多くの人々は、ベーシック・インカムに上乗せする収入を求めて、賃金労働や、自営業、企業経営を営み、ベーシック・インカムを受け取る権利をもつ所有者階級であると同時に、賃金労働者や自営業者、経営者の顔をもつことになるだろう。だが、それらの顔は、自由に取り替えのきく、一つの顔でしかない。すなわち、ベーシック・インカムを受け取る権利をもつ所有者階級のひとりひとりは、生活に必要な収入を得るための考慮を離れて、自由に仕事を選び、雇用されたり、起業したりできる、独立した経済主体となる。

このような経済主体を確立することによって、市場経済の論理を徹底的に活用するとともに、市場経済を超えた経済活動を発展させる道が開けてくる。すなわち個々人は、芸術活動や人間や自然を対象とするケア活動やボランティア活動、さらに研究活動や政治活動に没頭することもできるようになる。したがって、環境と人間が調和した経済活動の自由な展開の可能性も広がってくる。それは、市場経済の意味での経済活動ではないが、人間と自然の諸能力を発揮させる活動という意味では広い意味での経済活動と言える。

ベーシック・インカム保証の経済は行き詰まるか？

人々が自由な経済活動を行った結果、生活必需品の生産に従事する人が減少し、生産も供給も減少して価格が高騰し、ベーシック・インカムとしての必要額も高騰し、その存続が不可能になると心配する人がいるかもしれない。だがそのような製品価格の高騰やその部門での賃金高騰こそ、より多くの利潤を求める投資家や追加的収入を求める賃金労働希望者を引き付ける要因となって、ロボットとITを活用する技術革新を伴う新規投資が行われることになる。生活必需品の生産と供給は回復し、市場に商品があふれるようになるので、商品価格は下落するだろう。

一般的な物価上昇（インフレーションと呼ばれる）がこのような現実の生産活動を反映しないようなもので、単純に政府が紙幣を増刷しすぎた（通貨供給の過多）ためのものであれば、ベーシック・インカム保証の金額を物価水準にスライドさせて上昇させる取り決め（物価スライド制）をしておくことで解決する。

グローバル・ベーシック・インカム保証のためには、そのための特別な国際基金からの国際的な現金移転が不可欠となる。したがって、現在のような変動相場制のもとでは、為替レートの変動によって、一時的な困難が生じる可能性がある。したがって、不安定な経済大国アメリカを中心とする現在の国際通貨制度を改革し、より安定的な通貨制度にする必要がある。とはいえ、現在の通貨制度のもとでも、グローバル戦略を持つ多国籍企業は、為替リスク回避の技術を駆使して、順調に発展を遂げている。それらの多国籍企業のもとに世界市場から集められたお金をもとでとしてグローバル・ベーシック・インカムのための国際基金に繰り入れ、そこから世界各地の現地通貨の形で送金を続けることに、原理的な問題はない。インターネット・バンキングの発達と、携帯端末やATMの進化によって、技術的な問題も解決されている。

さらに、基本的生活費が保証されて、働かなくても暮らしていけるのなら、だれも働かなくなるのでは？　と心配する人がいるかもしれない。しかし、身の回りをよく観察してみよう。十分に仕送りをもらう学生や自宅通学の学生は、生活できるからといって、アルバイトをしないだろうか。あるいは定年退職後の年金生活者は、みんな自宅でぶらぶらしているだけだろうか？　原始時代の人々は、基本的な欲求充足が充たされるだけで、満足して安らかに眠れたかもしれない。だが、文明人は違う。基本的な欲求充足を超えてたくさんの多様な欲望をもつのが文明人だ。そんな人々の多様な欲望は、一方では暴力となって爆発し、歴史的不正義によって階級分割社会を創り出し、建設と破壊に明け暮れる歴史の原動力となってきた。しかし他方で、そのような欲望こそが、命をかけて仁や愛や慈悲を説いた人々の宗教的連帯から、ヒューマニズムに基づく近代社会の人権意識まで、階級分割社会と暴力による歴史的不正義を乗り越えようとあがいてきた文明時代の人々の別の歴史の原動力となってきた。ベーシック・インカム保証社会は、「人はパンのみに生きるにあらず」をモットーとしてきた文明人が、文明の暴力を乗り越えようとする欲望を解放する仕組みなのである。

全人類ひとりひとりが担う現金移転と基金の管理

グローバル・ベーシック・インカム保証社会の仕組みが持続するためには、76億人の人類ひとりひとりが担い手となって、しかるべき額の現金がひとりひとりに確実に届けられ、その財源となる国際基金が維持され、管理されねばならない。人類76億人に必要生活経費となる現金を移転するのだから、国際基金の財政規模は大きい。２００６年の世界銀行のデータに基づく筆者の試算（岡野内 ２０１２）では、世界各国の国民総所得合計額の30％くらいになる。だが、基金の管理運営を担当する仕組みは、単純で、複雑な組織は必要ない。

まず、現金移転の額が、ベーシック・インカムの名に値するものかどうか、それぞれの居住地域の気候など地理的条件や文化的特質を考慮して、基本的欲求を充たすのに必要な物資の種類と量が決められ、それに対応する時々の物価水準が考慮され、ひとりひとりによってチェックされ、モニターされる必要がある。そして住民どうしの十分な議論によって意見が修正され、煮詰められ、集約される必要がある。それには町内会規模での住民どうしの顔を突き合わせた集まりでの議論が不可欠だろう（最近の日本でも始まった、小学校区レベルでの全住民による直接民主主義を基本理念とする住民自治基本条例に基づく、住民自治協議会やタウン・ミーティングをイメージしよう）。議論が実りあるものとなるためには、自分たちの要求する金額が一因となって、人類全体ではどのような金額が必要となるのか、他の地域の住民の要求する水準と比べて、自分たちの要求水準はどうなのか、などの情報が、瞬時に住民全体に届けられる必要がある（そのための技術的な問題は、コンピュータとインターネットで解決されている）。そのうえで、グローバルな基金から個々人への配分に反映されるような意思決定の仕組みが必要になってくる。

そのような政治的意思決定を受けた必要額の算出に基づいて、基金に繰り入れるべきお金をどこからどれだけ調達するかという、グローバルな課税問題が議論され、決定されねばならない。その際に、全世界で行われている経済活動について、とりわけ、世界市場経済とその中でさまざまの形の投資収益として所有権を拡大していく企業や個人の姿が明らかになるような資料が適切な形で提供される必要がある（すでに国際機関やＮＧＯは、有価証券報告書や各国税務当局の資料に基づいてそのような資料を無償で提供している）。そして、やはり全世界で、町内会規模の住民集会が行われ、そのような資料がチェックされ、必要に応じて修正されたうえで、どこからどれだけのお金を基金に提供してもらうかが議論され、それが集約されていき、全世界での意思決定につながる仕組みが必要である。

そんなことが可能だろうか？　ここで、われわれは、さまざまに異なるのが当然のひとりひとりの意思から、全員のものとして一つの意思を決めること、すなわち政治的意思決定の仕組みの問題、したがって国家の問題を考えてみよう。それは、歴史的不正義の問題を考えることでもある。

歴史的不正義からの正義回復

歴史的不正義を正当化するための国家と民族

歴史的不正義とは、先述のように、原始社会から文明社会へと人類史の流れが大きな転換を示す際の、土地をはじめとする生産手段の暴力的な獲得による所有権の設定である。国家とは、このような文明の産物としての所有権を守るための官僚制と軍隊を総称する呼び名にほかならない。したがって、文明と所有権を守るための国家は、同時に歴史的不正義を正当化する。古代文明以来のさまざまな帝国から、民族自決原則を掲げる近代の国民国家（Nation State）に至るまで、あらゆる国家は、暴力的に獲得した土地への領有権を主張し、暴力的な獲得じたいを正当化した。

民族自決原則は、帝国による過去の暴力的な土地獲得、すなわち歴史的不正義を告発するものではあった。しかし、ひとたび国民国家が形成されると、その国家は、自国による暴力的な土地獲得すなわち歴史的不正義については、徹底的に正当化した。ユダヤ民族国家として形成されたイスラエルが、第二次大戦時のドイツなどの歴史的不正義に対して厳しく告発と正義回復を求めながら、建国以来のパレスチナ・アラブ人からの暴力的な土地獲得と歴史的不正義を正当化し続けているのは、その好例である（岡野内２００８）。

さらに言えば、民族（ネイション）への帰属という発想じたいが、民族形成以前の時代の部族間の暴力的な土地獲得戦争という歴史的不正義の記憶を消し去ることによって、新しい連帯の論理を創り出して、帝国の支配に対抗しようとするものであったことも重要である。したがって、民族（ネイション）への帰属意識（ナショナリズム）には、常に、歴史的不正義への正当化がつきまとう。

経済のグローバル化によって変わる国家と民族

したがって、今までのような文明時代の国家や民族のあり方を引き継いでいたのでは、支配階級が交代して土地などへの所有権が変わっても、また新しい歴史的不正義が行われるだけであり、いつまでたっても歴史的不正義そのものはなくならない。領土紛争や民族紛争が今でも深刻なのはそのためだ。支配階級と被支配階級とへの階級分割そのものをなくし、人類のひとりひとりがもれなく所有者階級となるグローバルな単一階級社会の仕組みを創るためには、これまでのような国家と民族のあり方を超えていく必要がある。

この点で興味深いのが、１９７０年代以降の経済のグローバル化に伴う国家と民族のあり方の変化である。一方では、多国籍企業の活動を円滑にする方向で、ＷＴＯ（世界貿易機関）に見られるような国家主権を超える統治ルールが形成される。またヨーロッパでは、ＥＵに見られるような民族を超える国家統合の動きがある。他方では、民間の営利団体である多国籍企業の発展に対抗しながら、グローバルな組織となって人権、環境、労働問題の改善に取り組んできた民間の非営利団体であるNGO（非政府組織、民間公益団体などと訳される）が、国連をはじめとする国際機関や各国政府への影響力を強めてくる。そんなNGO活動を反映して、自らの誕生にまつわる歴史的不正義を正当化するはずの国家の集まりである国連じたいが、2001年の反人種主義・差別撤廃世界会議のダーバン宣言に見られるように、過去の奴隷貿易や植民地化の責任を問い、歴史的不正義を問題にするようになってきた。また2003年には、1998年の国連会議の採択（ローマ規定）に基づき、個人の告発を受けて国家元首を裁くことができるという画期的な、国際刑事裁判所（ICC; The International Criminal Court）も設立され、活動を開始した。

二度の世界大戦とそれに伴う非戦闘員に対する大虐殺への反省から結成された国連は、その結成理念の中で、全人類ひとりひとりを対象とする、正義と生存と発展を守る仕組みを作ることをうたっていた。しかしこれまでの国連は、その理念に沿って、虐殺と飢餓と貧困を防止する役割を十分に果たしてきたとは言えない。その根本原因の一つは、国連が、歴史的不正義を正当化する国民国家の連合体（United Nations）という枠組みを持つことである。それは泥棒の集まりが正義を行うことが難しいのと、同じことだ。それだけに、歴史的不正義を問題にし、国連とは相対的に独立した国際機関として、個人が国家元首を裁ける仕組みを作り、被害者に対して現金移転を行う被害者信託基金（Trust Fund for Victims）を設立するまでになった近年の国連と国際刑事裁判所の動向は、注目すべきものだ。その延長上に、歴史的不正義の遺産に苦しむ全人類を対象としたグローバル・ベーシック・インカムのための国際機関と国際基金の設置が構想できるからだ。

グローバル・ベーシック・インカム保証社会を支える政治的な仕組みとして見れば、多国籍企業と国際NGOの運動によって、このように変化の兆しを見せる国連の仕組みは、さらに転換される必要がある。これまでの国家と民族の枠組みを大きく超えて、直接民主主義的な集会を持つ住民自治体のグローバルなネットワーク的連合体の方向へと、大きく転換される必要がある。

それは、中央政府に対する住民コミュニティの不満を吸い上げた分離独立運動が、代表を名乗るエリート間の争いに転換させられてしまい、ついには内戦に至るという20世紀以来の最悪の紛争・虐殺パターンを避ける道でもある。暴力で勝ち取られた国家主権を認める国連は、歴史的不正義の繰り返しを煽る役割をはたしてきた。血塗られた国家主権に代わって、住民主権が国連の基本原理になったとき、国連は、虐殺と飢餓と貧困を防止するという当初の理念を有効に実践できるようになるだろう。もっとも、そのときには、国連が住民自治体連合という名前になるか、あるいは直接民主主義的な集会をもつ住民自治体が、ネイションを名乗るようになるかのどちらかになるだろう。グローバル・ベーシック・インカム社会を支える政治的意思決定の仕組みが整うのは、そのときだ。

人類史の流れを変える理念と現実

さて、ここまで読んできた読者は、グローバル・ベーシック・インカム保証社会というマクロな仕組みが、現代社会の諸問題（階級分割を基調に、民族差別やジェンダー差別がかぶさり、個々人の人格と、人々が議論しあう場である公共圏と、人間を取り巻く自然環境という3つのレベルでの破壊が進行している）への抜本的な解決策となりうるパワフルな理念であることを納得いただけたかと思う。

この理念は、現実のものとなれるだろうか。それは、読者諸氏の奮闘にかかっている。18世紀末にイギリスで奴隷制廃止運動が始まったとき、多くの人々は、それが非現実的だと考えた。実際、当時の世界経済は、アフリカから南北アメリカ大陸への奴隷貿易と南北アメリカ大陸で奴隷が生産する一次産品貿易に全面的に依存していた。だが、当時すでにイギリスで開始されていた機械の発明と利用がもたらした産業革命の全世界への広がりとともに、奴隷制廃止は、人類史の大きな流れとなり、20世紀の前半までには、奴隷制が地球上からほぼ一掃された。社会を変える実践としての奴隷制廃止運動は、人道的な啓発活動や廃止法制定の政治運動のほか、ハイチでの奴隷反乱や、アメリカでの南北戦争のように、世界各地でさまざまな形をとった。

しかし、ここで注目すべきは、人類史の中での機械の登場という技術進歩を前に、「もの言う道具」としての奴隷が不要になったことである。生存賃金を得るための契約を結んで自発的に働く賃金労働者のほうが、繊細で高価な機械の使用には、奴隷よりもはるかにマッチしたのである。……そして、その機械を見張って制御するコンピュータとロボットの技術が発明された21世紀の今日、賃金労働者は次々に職を失い、不要になりつつある。この事実は、人類史の流れを変えずにはいられないだろう。グローバル・ベーシック・インカム保証社会という理念の登場じたいが、このような現実を反映するものと言えないだろうか。それにしても、どのようにしてこの理念が実現するかは、多様でありうる。現実の分析によって実践の指針を示すことがその次の課題となる。

おわりに

世界から貧困や格差、差別や争いがなくなり、世界中の人々が幸せに暮らせるといいのに…。誰もがそういった願いを持ち、さまざまな夢を持っている。どうしたら貧困に苦しむ人がいなくなるのか。その一つの答えがグローバル・ベーシック・インカムである。

グローバル・ベーシック・インカムという発想は理想や夢に過ぎないという人もいるかもしれない。しかし、これは実験的にせよ、すでに複数の国のいくつかの地域で実践されたことである。

人間は、半分以上、ファンタジーの世界で生きている。夢を見ながら生きているというのが現実だ。それも、寝ているときの、自分の自由にならない夢ではなく、じっくりと全身全霊をこめて自分の中に創りあげる自分だけの夢。だから、いつでも同じものを作るアリ塚のアリや、大きなハチの巣をつくるハチとはちがって、人間は、個性あふれる芸術を生み出すことができる創造力があるのだ。

社会を変える実践は、まず、夢とファンタジーをもつこと。それをふくらませること。そうすれば、自然にそれを語りたくなり、ともに何かを始めることもできる。そのとき、同じときを生きる76億人の間での夢の連鎖反応が現実になる。そうやって人々の夢が響き合い、重なり合うとき、みんなの夢に向かって現実の社会が変わってくる。私たちは夢と想像力で社会を変えることができる。それが人間の力ではないだろうか。そしてみんなの力が合わさって、ミクロな夢が、マクロな空間を変える。なんだかわくわくするではないか。

参考文献

Habermas, Jürgen(1981), *Theorie des kommunikativen Handelns*, Frankfurt am Mein : Suhrkamp.（ユルゲン・ハーバーマス著、丸山高司他訳『コミュニケイション的行為の理論』［上中下］未來社、１９８７年。）

Macpherson, Crawford Brough(1962), *The Political Theory of Possessive Individualism: Hobbes to Locke*, Oxford: Clarendon Press.（Ｃ・Ｂ・マクファーソン著、藤野渉ほか訳『所有的個人主義の政治理論』合同出版、１９８０年。）

——(1977), *The Life and Times of Liberal Democracy*, Oxford: Oxford University Press.（Ｃ・Ｂ・マク

ファーソン著、田口富久治訳『自由民主主義は生き残れるか』岩波新書、1978年。）

岡野内正「パレスチナ問題を解く鍵としてのホロコースト（ショア）とナクバに関する正義回復（リドレス）」上・中・下『アジア・アフリカ研究』389：16－30、390：2－13／64、392：55－84、2008年。

――「〈民族〉を超える〈部族〉――『暴力の文化』を克服する公共圏の創出」佐藤成基編『ナショナリズムとトランスナショナリズム』法政大学出版局、2009年。

――「地球人手当（グローバル・ベーシック・インカム）実現の道筋について――飢餓と貧困の根絶から始める非暴力世界革命の展望」『アジア・アフリカ研究』52（3）：1－15、2012年。

PART V　社会を変えるには

第10章
〈座談会〉

ポスト・トゥルース[1]時代の議論づくり

荒井容子
大﨑雄二
島本美保子
鈴木宗徳
吉村真子

他人ゴトを自分ゴトとして受け止めてもらうために

島本　法政大学社会学部には社会問題を扱う授業がたくさんあるにもかかわらず「社会を変える実践論」のようなスタイルの授業を立ち上げる必要を感じていました。この授業は、私が教務主任だったとき、空いた半期の一コマを使って、「1・5人称」で社会問題を語る授業をやったらどうかと提案したことが発端でした。

吉村　たしか文科省が推進していたキャリア教育を社会学部ではどういうふうに位置づけるのかという懸案があった頃でしたよね。多摩キャンパスには、キャリアデザイン論や職業社会論やインターンシップといった授業がすでにあります。でも、島本さんの提案を受けて、社会人として生きていく、もしくは自分たちが社会にかかわる人間として生きていくときにどういったことが必要なのか、どういった問題に直面するのか、そしてそれをどう解決していくのか、そういったことを授業の対象にできるのではないか、とみんなで議論し、提起することになりました。

大﨑　キャリア教育については文部科学省の「大学設置基準」の条文（42条の2）にこう書いてあります。「大学は、当該大学及び学部等の教育上の目的に応じ、学生が卒業後自らの資質を向上させ、社会的及び職業的自立を図るために必要な能力を、教育課程の実施及び厚生補導を通じて培うことができるよう、大学内の組織間の有機的な連携を図り、適切な体制を整えるものとする。」と。キャリア教育の目的は「社会的及び職業的自立を図るために必要な能力を」培うことなんですね。けれども多くの大学、あるいは学部では「職業的自立」の方ばかりやっています。それに対してわが社会学部は、前半の社会的自立を図るために必要な能力に付随して職業的自立もあるという考え方をとり、この授業が立ち上がったんですよね。

荒井　その議論の中で、それぞれの教員が専門性を離れて、市民として活動している話も学生たちに投げかけたらどうかというアイデアが出てきて、それに私はすごく共感しました。島本さんがよくおっしゃる「他人ゴトから自分ゴトへ」、言い換えれば社会に向き合う主体性の問題だと思うんですが、それを育むために、まさに自分ゴトとして教員が話す。挑戦的な授業になると思いました。

島本　なぜ1・5人称の授業をと思ったかというと、私はふだんの授業で環境問題、特にマクロ的な環境問題を経済学的に取り上げているため、とにかく知識を学生に与えるわけです。それをみんなすごく素直に受け取っているように見えるけれども、それを自分のものとしているかというと、そうは思えない。先生が言うからそうなんだ、というふうな受け止めをしていると感じる場面が多かったんですね。かつては、社会問題を教えさえすれば学生にきっと響くだろうと思っていたけれど、最近はどうもそうではない。知識として社会問題をとらえるだけで、自分の生活とはどこかで切り分けている。そして、実際就活になったら、それこそ、大学で学んだことと逆のことを言わざるを得ない場面に直面することもある。そういう彼らを見ていて申し訳ない気分になりました。熱心に教えれば教えるほど、彼らは就活でジレンマを感じるわけで、それをどうしたらいいんだろうと悩んでいました。

もうひとつ自分が保育園民営化問題で社会運動をやったことも大きかったと思います。

運動を成功させるには中核になる人たちがしっかりしていることがすごく大事なんですが、それが社会から孤立してしまうと、急激に正当性がなくなる。だからもう少し社会に問題関心がある人の裾野を広げないと、何ごとにつけ社会運動をやっている人たちがしんどくなってしまうなと思ったんです。社会運動の主体となってない人が、ベースの社会意識を共有してくれるというのがすごく重要だということですね。学生には自分のこととして受け止める段階と、スルーするという段階があって、社会問題を教えている学部に来る学生でも、どうもスルーすることに慣れている。何とかもう少し、自分のこととして受け止めることを身につけてもらうにはどうしたらいいのかと考えていました。

立ち上げた当時にも使った、「1・5人称」という言い方には、社会科学を教える者として客観的な部分を持ちつつ、でも自分の思いを自分なりに伝えることにより、学生たちにはスルーするのではなく自分のこととして受け止めるという思考回路を身につけてほしいという思いをこめています。そうすれば、専門科目で環境問題や労働問題を学んだとき、それをきちんと受け止めることができるんじゃないかと。ほんとうは社会が成熟してそういうことを高校までに身につけていれば必要のない授業かもしれないけれど、今の日本社会ではそうはなっていないので、そういう意味で、別途に授業が必要じゃないかと考えたわけですね。

鈴木　一方で思うのは、自分の問題を社会の問題として考えられないという課題です。ぼくは労働や貧困の問題を研究していますが、現場で運動をやっている人、特に野宿者の支援やユニオンをやっている人から聞こえてくるのは、不当な雇止めだとか残業代未払いに直面した当事者は、そういうところに駆け込むまで、それは自分の個人的な問題だと思い込んでいるのだということです。そういうところに来て初めて、これは社会的な問題で、社会的に解決しなければいけないことなんだと気づく。ですから、学生たちに、それらが社会問題であって声を上げていいんだということを気づかせると同時に、そういう回路があるということを教えていく必要をずっと前から感じていました。ただ、それだけでは足りなくて、社会学部がやるべきは、異議申し立てをしている人たちがこれだけ世の中にはたくさんいる、ということを教えること。それをやらないとたぶん社会を変えていくような人は育たないだろうなと思うんですよね。

人間そのものを提示することのおもしろさ

荒井　この講義の特徴は、さきほども言いましたけれど、教員が自分の専門を講義するというのではなくて、ひとつの教育目的に向けて、結集した形での講義づくりをするということですね。

吉村　単に研究者が専門分野だけを話すのではなくて、一市民として、問題を抱えたときにこういうふうに解決しようとした、動いてみたということを、具体的に話すというのが基本にあります。また回によっては、外部の方で実際に活動されている人をお呼びして問題提起をしていただく。そして何よりも学生たちの議論をできるだけ中心に置くという点が、オリジナリティが高い。その分、手間暇はすごくかかっていますね。

荒井 組み立てはけっこうアバウトですが、抜けていると思う分野を、この先生に頼もうとか、担当しようとかフレキシブルにやっています。現代の状況が刻々と変わっている中で、そういうことをかなりセンシティブに認識して構成していかなければいけないと思ってます。

島本 ひとつの問題を授業で取り上げたときに、複数の教員が教室の中にいるので、それぞれ違う意見や考え方を学生に示すことができるのも特徴ですよね。そもそも使う言葉も違います。それがいいと思う。例えば私は環境問題の授業をやっていて、学生たちはみんな島本の言葉で学んでいくけれども、そうではなくて、ひとつのテーマについて、いろんな人が自分の言葉で語ると、学生もそこにいろいろな幅があること、しかしベースとして共通するところに気づく。そういう場面に立ち会うということは、ほかの授業ではなかなかできないけれど、すごくいいかなと。

吉村 ほかの授業だと、教師同士がトークバトルをする場合、ある程度落としどころを事前準備をしていますが、この授業では、けっこうガチでバトルをしてしまう。それは学生にとってすごく新鮮だと思うんですね。教員もいろんな考えや立場があっていいと思いますし、事前に調整する必要もない。

鈴木 さっき話したことと重なりますが、教育の中では知識を教えるだけでなく人間そのものを提示することが絶対必要だと思ってます。それは個人的に読書会とかやりながらもすごく感じます。同じテキストを普通に読んでるだけなんですが、たとえばぼくと岡野内さんが一緒に読書会に出て、そこで意見が分かれると、学生はそこをおもしろがるんです。

吉村 教員たちの議論、一市民もしくは一研究者としての議論の中で、立ち位置の違い、スタンスの違いを直にみられると、学生たちは、自分たちもいろいろな意見を持っていいんだと感じますよね。

鈴木 そうですね。だからぼくが、ゲストを呼ぶのもそういう意味があると思っています。この問題にほんとに全身全霊を込めて取り組んでいる人を提示すると、学生は変わるなどというのは、ぼくもその場にいて感じました。現地で話を聞く場合も同様で、ゼミで今年は福島の避難の問題についてやりました。実際インタビューに行ったときに聞ける話というのは、事前に勉強した内容と半分くらい重なっていたりするんです。でも、やはり直に聞くと全然違う。直接その人の言葉でその人が言いたいことを面と向かって聞くと、学生にとっては、それが実践しなきゃいけない問題なんだと、実際に体に染み込むようにわかっていくという効果がある。ひとりの教員が、15回、半年、1年とかって担当するだけではできない効果が確実にあるなと感じます。

荒井　メトロレディースの方たちが授業に来たとき[2]のやりとりでは、どうなるのかなという局面がありましたね。初回でビデオをみて、そのあとみなさんに来ていただいたのだけれど、ビデオをみたあとでの学生の感想の中では、「結局、就職活動に失敗したんだろう」とか、「なんで賃上げなどにこだわっているのか」という疑問や感想が出てきました。

吉村　「じゃあ、そんなにひどいんだったら辞めればいいじゃないか」っていうようなコメントカードもあったりして。どういうふうにみんなで議論するかと教員同士で打ち合わせて。丁寧に議論することが大切だと。

荒井　頭を抱えましたが、メトロレディースの人たちとの事前の打ち合わせで、「ぶっちゃけ」でやりましょうということになり、一人ひとり、経緯や思いを語っていただいた。そうしたところ、「ああそうか。気持ちよく働きたいから、だからこの人たちは、会社を変えたいと思っているんだ」と、学生たちの中から、そういう感想が出てきたんです。彼女たちが直接「会社を変えたい」という言葉で語ったわけではないのに。

鈴木　すばらしいですよね。

学生からの反発に教員も悩み、大論争

島本　7年間この授業を続けてきて、最初のころと今とではなにか変化がありましたか。あと授業の成果というのはどうでしょう?

荒井　当初は「社会を変える」という、講義のタイトルからわかるように、私たちの意図としては、社会問題に対し主体的に動いていく面白さと大変さを伝えたいというところがありました。ところが、こういうタイトルの講義を受講しているにもかかわらず、デモは危ない、怖いという意見が学生からするするっと出ていました。特に2年目は1年生が多かったので、グループに分かれて議論しはじめると「ちょっと変わった人なんじゃない? そういう動く人は」という意見がするっと出てくる。私たちが、必ずしも、国を変えるとか何か大きなことではなくても、身近なことを変えるということでもいいと話すと、今度は、家族関係を変えるという話になる。そこでそれでもいい、やがて社会問題に視野が広がっていけばいいと、そんな展開だったと思います。

島本　授業を始めた時期に、動くことに抵抗感がある人たちに、何を教えたらいいかというところで出てきた言葉は、運動を始めるにはまず友だちをつくりなさいということですね。自分と同じように考えているとか、意見を交換できる友だちをつくるところから、何ごとも始まるということを、伝えていたような気がしますね。当時はその先まで行けなかった。

吉村　最初はそうでしたよね。ほんとに「そんな……。社会を変えるなんて」、「そんな、先生方、何を言っているんですか」、「そんな高いレベルで」みたいな感じで、自分たちの問題じゃないみたいな反応でした。

荒井　島本先生は学生と徹底的に最後まで議論したけど、先生たちはおれたちを動かそうとしてるんじゃないかと、そういうふうに読みとる学生もいました。こういう講義って、やっぱり鋭い学生たちにとってはやらせのように受けとめられかねない。もちろん私たちは、そういう「やらせ」なんてしたくないわけですが。だからそういう状況を読み取り、批判を言える環境をつくったのはよかったと思います。そして「やらせじゃないか」と批判してくるような学生と、そのときどき、いろいろな教員が、講義のあともずっと議論していた。また、例年、「先生はちょっと断定的に言いすぎだ」というような、そういう批判が結構、学生たちから出されて、議論になった。そういう批判とそれをめぐる議論をできるだけ保証しなければいけないような講義だったとも思います。「変える」っていうことを前面に出す講義なので。

鈴木　ぼくがこの授業を担当するようになったのは2年前なので、その状況をもう少し教えてほしいのですが、教員個人の意見を言った方が、むしろ反発する学生が出てきて、「そんな先生の個人的な意見に俺たちは誘導されないぞ」というふうになって有意義なディスカッションが生まれるのか、あるいはもっと配慮して、「こういう意見もああいう意見も両方あるよね」と提示したほうがディスカッションは活発になるのか、どっちなんですか。

島本　それはケースバイケースですよね。

吉村　ほんとに難しい。

島本　荒井先生と別の場面で、すごい議論になりましたよね。

荒井　そう、島本先生とも論争しました。私とか島本先生は自分がやった実践を話すでしょ。とりわけ私は兄の解雇なので、しかも体罰の問題が絡んでいる。体罰は解雇の主要な理由じゃなかったのに理解されないわけですよ。どういうふうにそれ（体罰事件）が利用されて解雇されたのか、そのことを伝えたいのに。それに対して、体罰はだめだという考えのもとで話しているのに、繰り返し、「体罰は絶対ダメなんだから、解雇が不当だと荒井が言う説明は強引だ」というような批判がすぐでてくる。もっとひどいのは、荒井は肉親だから、冷静に考えられないんだと、そういうふうに反応されてしまう。まさに1・5人称だから切実さはあるんで、学生によってはそういう身近な人に支えられて先生のお兄さんはよかったっていうふうに感想を言う学生もいるけれども、授業の展開としては、荒井は客観的立場に立てないだろう、となる。また、どうしてそういう一方的な立場で、ニュース[3]とかを出すんだとも言われましたね。私は私の考えで、おかしいと思うから異議申し立てする。異議申し立てするニュースに、相手も正しいなんて書くはずもないでしょう、相手を正しいとは思っていないのだから、と私は反論しました。広報力は行政の方が圧倒的に強いので、それに対して、どういうふうに主張するかということが大事だとも答えました。私から見ると、学生のそういう反発や批判は、高校までの、あるいは大学でも、賛成意見と反対意見の両方並べて紹介するというのが教員の立場だ、という「常識」に捕われてしまった結果の主張だなと受けとめました。

鈴木 なるほど。

荒井 教員は自分の価値判断をもとにした意見を言って構わない。でもそれを学生たちに絶対信じ込めとは言わない。私はこう考える。それに対して学生がどう考えるかは自由だから、議論してくれと言うべきでしょって。でも、荒井は社会教育という講義を担当しているから、そういう専門分野の講義では学生たちと議論しやすいから、そういう投げかけ方もできるんじゃないか、とそのとき、島本先生に反論されました。学問分野の関係ではないのではないかなと思うところもあったんですが、島本先生からは、客観的なことを教えなければいけない分野では、微妙なんだよって、そう言われ、そうかなあと、論争になった。

島本 そう、そういう感じでしたね。私の専門の経済学がそういうものだからというのもありますけど。客観性ということを非常に厳しく問われる学問なので、大学時代から自分の意見はなるべく言わないようにして授業を進めるというスタイルに慣らされてきました。だから荒井先生のように自分の意見を全面的に出して、でも反論する機会はもちろん与えているから、反論すればいいじゃないと言われてもそんなの無理だろうと思うわけです。

荒井　私の他の講義では必ずしもそうではないですよ。社会教育概論では、先生はどっちの派なのかって言われるくらいに、資料だけを提示して議論してもらうことも多い。しかし、自分の実践について話すときに、私は正しいと思ってそうやるんだっていうふうに言う。それはケースバイケースですね。

教科書の活用やインタビューの導入で多様な意見を共有化

島本　そこで、この議論の結果というか、ひとつの対策として、教科書を活用するという話になったんです。

荒井　教科書を事前に読ませて質問を用意する宿題を出すという手法を考えました。私たちの章だけじゃなくて、メトロコマースのときも宿題という形で行った。ビデオ鑑賞を踏まえて「質問」を書いてもらいました。それを見て悩むことになったけれど、それがあったから、さっき話した展開になったんですよね。

鈴木　そうなんですか。

島本　そうしたらそういう誤解に満ち満ちた意見が非常に減って、議論が有意義になったんですよね。

荒井　多角的な見方でいっぱい質問が出てきた。さらに私と島本先生が工夫したのは、お互いにインタビュアーになることでした。主張者が全部授業を仕切りながら主張するっていうのはダメだろうって、島本先生が言い出した。それで、特に私のときが大変だったので、じゃあ島本先生がインタビュアーになろう、逆に島本先生の回は、保育園の民営化はどこが問題かということを島本先生は主張したいわけだから、私がインタビュアーになって、私の質問と学生の事前の質問を投げかければ、違った意見も紹介できると。

吉村　今年（2017年度）、グローバリゼーションとかグローバル市民社会というパートのところで、岡野内先生がパレスチナ問題について、学生に自分なりに調べてキーワード一言で示せ、という宿題を出したら、学生たちは一生懸命調べて準備してきました。事前に課題を出すことで、学生たちがゼロから勉強して議論ができるところまで持ってくるというのはすごく大事なことだろうと思います。教員が自分の意見を言うべきかという点については、私はある程度は言うべきだと思うんですよ。どうしてかというと、例えば従軍慰安婦問題[4]についていろいろ議論がある、こういう政治的立場もあるんだよという話を紹介して、最後にオープンエンドでやると、普段からしっかり考えている学生はどっちにしても同じなんですね。教員が何か言っても、あの先生はそういうふうな立場で言っていると思うだけで。他方で授業だけでものを考えようというような省エネタイプの学生、それがマジョリティですけれど、いろいろな意見があるんだというと、それこそ、2ちゃんねる（現・5ちゃんねる）のネトウヨみたいなものも同じように位置づけてしまう。それはやっぱり危険だなって思うんです。だから、ある程度交通整理をして、それに対して研究者はこういうふうに反論している、私自身は研究者としてはこう思うということを示すというのが、私がやってきていることです。ただ「社会を変えるための実践論」では、実践をしたうえで、結論とかやり方というのはひとつじゃないという事を示すというのもあっていいと思います。

鈴木 教員個人の意見を主張すべきかという問いは、言い換えると、教員個人の意見とは違う意見をどうやってどのくらい紹介すべきかなんですよね。

吉村 そこですよね。

鈴木 紹介するに値しない意見は無視していいと思うし、違う意見があるんだったら、それが事実に基づいているかどうかなんですよね。事実に立脚すれば違う意見もありうるっていうんだったら、それは、フェアに紹介すべきだと思うし、圧倒的にこちら側の事実の方が論拠として説得力があるということであれば、そこまで含めて、そうだよねという説明をするということだと思うんですね。だからそこは教員個人の意見を主張しつつ、同時にそれが学問の作法にのっとったうえで言ってるんだってことは、ちゃんと示さないと、ポスト・トゥルース時代に巻き込まれてしまうと思っています。いま問われているのはそこだと思うんですよね。

吉村 それプラス、学生たちがいろんな意見が言いやすい雰囲気をちゃんと確保することですよね。

ポスト・トゥルース時代に学問がやるべきこと

荒井　さっきの兄の事例では、裁判に訴えてますから、正当性を言うために論理的な証拠をそろえています。でも学生たちはやっぱり偏見のまなざしを向けるんですね。教員が個人の主張をするとかいうよりも、最初にもう肉親だからそういう立場に立たなければいけないんでしょうとか、体罰やったんだから、と言う。だからじっくり考えさせるためには、教科書というのはすごくよかったなという気がしますね。

島本　あと荒井先生のケースに関しては、司法の中立性というのが問われている。最近はそれについても、いろいろ書く人が出てきたから、それも示すことでより肉付けされていくような気がします。荒井先生たちはしっかりと証拠を集めたり、証人を連れていくんだけれど、それを証拠として採用するかどうか、証人を立たせるかどうかという判断は、裁判所がするわけです。その判断が行政寄りになってしまうということもある。

鈴木　そこは社会を変えるというテーマにとってすごく重要なところですよね。権力を握っている人たちが中立であるという先入観ですよね。高校生が教え込まれがちなそういう先入観を変えるということに、荒井先生は取り組んでらっしゃるんだと思います。そこはたぶんこの授業全体にとってこれからすごく重要な役割を果たすだろうなというのを、この1週間の上西充子教授の国会での討議[6]をみていて思います。ちゃんと事実を提示して、権力というものは公平中立にフェアな主張をしてくれるものだという先入観を、学問の側は批判しなきゃいけないんだ、それも学問の課題なんだということを、ちゃんと教えなきゃいけないないと強く思います。

島本 安保法制もそうでしたよね。憲法学者が違憲だと言っているにもかかわらず、政府はそうじゃないっていう。

吉村 そうそう、だから法律であるとか、政策であるとか、裁判であるとか、公的なものに異議申し立てをしていく必要が出てくるということ、そしてその手続きなんかもたいへんだよっていうことも議論していくというのが大切ですよね。

荒井 中立性を前面に出した教育政策になってますから。そういう教育が小中高ときて、大学もそろそろ危ないと思いますね。「中立性」ということ自体に矛盾があるわけだけれど、「公平」と同じだと勘違いされている。大学もそういう議論に足元を救われかねない。危ないですよね。

鈴木 そうですね。この1週間報道を見ながら、なんで報道は「ポスト・トゥルース」って言葉を使わないんだろうって、ぼくは思っていました。トランプ政権が出てきたときに、ネット上のデマとかトランプ自身のデマツイートについて、トゥルースつまり真実がおろそかにされる状況になったというので、去年アメリカでもイギリスでも流行語大賞的な賞をとった言葉なんですね。

吉村　つまりフェイクニュース。

鈴木　フェイクニュース的な状況を、ポスト・トゥルースという。

荒井　オルタナティブファクト。

鈴木　そうです。あれは海の向こうのアメリカのニュースだってとらえちゃいけなくて、今日本がそうなっているっていうことです。事実を重ねながら論証していくという手続きがおろそかにされているということだから、そういう状況がまずあって、それを乗り越えなきゃいけないということは、ちゃんと学生に教えなきゃいけないと、今すごく思います。その前提は疑うことですよね。中立性を主張できる立場の人が、政府や裁判所といった形で存在するわけではないということを、言わないといけないと思います。

グループ討論を有意義なものとするために

荒井　吉村先生がさっきおっしゃっていたことですが、バズセッションしていると、学生同士で違った意見にハッとさせられて、ハッとさせられたまま、何を誤ったかわからないけど、変な方向に転換することもあるんですよね。吉村先生は、それに気をつけて、学生たちに教員の考え方を示す必要があると語っていたわけですが、それにどう対応するべきか……、そのときは無下にそうじゃないとか言わないで、じっくりと深く考える要素を出しながら、でもそれでも変わらない学生はしょうがないと、私なんかはそういうスタンスをとります。吉村先生がおっしゃっているように、それはちょっと違うんだけどなとは思ってはいるんですけれど。

吉村 そう。あらぬ方向に行くときありますね。

島本 だからグループ討論したあとに全体でそれを発表させていくと、すごく面白いですね。同じ課題を与えてるのに、ぜんぜん違う意見が出て、たぶん話してた本人たちもハタとぜんぜん違うこと言ってるのに気が付くという……。

荒井 結局大事なのは当日の議論なんですよね。私たちは突然出てくるものに対して、どう反応しながら、コーディネートしながら、強引にはやりきらないけど、でも教員の意見もつぎ込みながらやっていくか、ということ。

吉村 小グループでの議論をやっている際、熱心に議論をしてるようなグループでも、何かちょっと違うんじゃないかなと思って、こちらからこういうこともあり得るんじゃない？と声をかけることがありますが、それが彼らにとっては教員の上からの意見みたいに感じるときもあると思います。教員の側もある程度引きながら、そのバズセッションを見守るというのも非常に重要だなというふうに感じます。「このグループは案外保守的だ」とか、「あ、このグループはけっこう意外な方向に展開している」とか、それぞれグループによって議論の展開の仕方が違ってくるというのは非常に面白いですよね。

大崎 そこでひとつ、自分に戒めてる部分は、教室の中での権力関係に意識的であるべきだということですね。やっぱり教員の一言というのは、学生にとってものすごく重みをもつわけですから。

それからもうひとつ、文部科学省も今お墨付きを与えたアクティブラーニングによって学生たちがどう変わっていくかということにも着目しています。すでに中等教育において導入されたアクティブラーニングを学んできている学生たちもいます。私は、文部科学省がアクティブラーニングという言葉を使い始めた時点で、王様が触ったものはすべて金になるじゃないですけど、文部科学省が口にしたことはすべて陳腐化するというふうに考えています。FDがそうでした、キャリア教育もそうですね。アクティブラーニングもそうです。そうなると、文部科学省が言いだした時点で、これは仏様のてのひらの上で、つまり教員のたなごころの上で暴れまわっていいよ、孫悟空たちっていう、そういうアクティブラーニングになってないかということです。中等教育まではより強い権力構造の中にあるわけですよね。なので、そういうことに長けた学生たちが入学してきているかもしれない。だからそこも斟酌しながら考えていかないと、良い子の表向きの議論に終始したりするということもありうるんじゃないかと危惧します。私はそういう意味でアクティブラーニングを警戒すべきだなと思っているんですね。

鈴木　そこについても、ぼくは先生方の実感を知りたくて。教員個人の意見を主張すべきかというとにも関連するんですが。今の大崎先生の問題提起は、教員が主張しすぎてしまうと、言うことを聞きすぎるという可能性もあるけれども、逆に、アクティブラーニングを学んだ学生たちは、もしかするとすでにアクティブラーニングを演ずることを学んでいるかもしれないということだとぼくは思っています。つまり両論併記で「世の中にはいろんな意見がありますね、よく考えましょう。終わり」っていう結論。ぼくは実は、1年生の基礎ゼミをやりながら若干それを感じています。いろんな意見をネットで検索して手際よくレポートにまとめる技術を、今入ってきている学生はすでに学びつつあります。この授業でずっと語っていることは、社会に対する責任だとか、正義感の問題だと思うんですよね。おかしいと思ったらおかしいと言っていいんだよってことだと思うんですけども、そこで自分はおかしいと言えるかどうか、おかしいという思いを貫徹できるかどうかってときに、アクティブラーニングが妨害というか妨げになってしまう可能性を、ちょっと感じ始めてますね。

大崎　それは警戒しなければいけないところだと思いますね。

鈴木　まあ、杞憂に終わればいいなと思っていますが。

吉村　一昔前でいう「空気を読む」っていうことは当然あると思いますね。優等生であればあるほど、その傾向はあるかもしれません。

自分とは異なる意見の発見が成長につながる

荒井　私は、一番大事なことは、教員自身が講義の中で、毎年変わっていくという覚悟を持つことだと思います。ハッとさせられるような学生の答えを、あ、違うなって思っても、なんでそんなこと言うのかなみたいな感覚で向き合うと、学生とコミュニケーションができてくる。それをバズセッションの中で学生たち自身もお互いにやれるようになってほしい。学生の感想の中に「自分の考えに反論されてびっくりしたんだけれど、でももう一回自分の考えは、正しいんじゃないかと思い直した」というものがあったんです。

　そのプロセスを、その学生は面白かったと受けとめてもいました。「個人が声を上げることが社会を変えることにつながると思っていた私に、それだと価値観が多様化し収拾がつかなくなってしまうという疑問が出て、自分がなぜ、個人が声を上げることが社会を変えることにつながると思っていたのかというふうに逆に遡るきっかけになった」と。きっかけになったけれど、それで自分の意見が変わったわけじゃない。このプロセスをその学生は「少人数で行うバズセッションは、上記のように自分では一見筋の通った意見だと思うことも、他者の意見によって否定されたりして、よりよい自分の考えになっていくことができてとても楽しかった」と受けとめていた。反論が考え直すきっかけになったと、非常に素直に喜んでいる。アクティブラーニングなんていうレベルのものではありませんね。

鈴木　そうですね。

荒井　政治とか、硬いテーマで他人と話したのは初めてだったとかね（笑）。学生たちの中には、やらされているというよりも、ちゃんと面白がって議論してる学生が何人もいたと思います。他人が、自分とは違う意見を持っていることを改めて発見している。ただ授業で教員の話を聞いているだけでは、同じ話題について、違った反応があることに気づかないでいる場合が結構、多いようなんです。

大崎　私の回は政治がテーマですが、政治って非常に敏感な部分に触れるでしょ。なので始めは学生たちが学生同士できちんと議論ができるかどうかというのがまず心配でした。それから今年度すごく気を遣ったグループがあるんですね。それは中国の留学生なんです。普通選挙制がないところですから。韓国の留学生は、大統領を辞任させたわけだから、ある意味、自信に満ち溢れているんですよ。だけども中国の留学生は普通選挙がない国から留学してきていて、彼らとどういうふうに同じ地平で議論ができるんだろうと思って、ものすごく心配だったんですね。そしたら、こちらの予想をよいほうに裏切ってくれて、あたかも自分が普通選挙を行使できるような、あるいは自分が自在に社会を変えることができるような、そういう前提で議論をしている。

島本 逆もあるんじゃないですか。つまり逆に普通選挙がないことを、ないからできないことを伝えるっていう方向っていうのも、いいんじゃないかと思います。逆にそこで演じてないかなって心配がありますよね。

大崎 みんながみんな、そうってわけじゃなくてね。中国ではこれはできませんって書いてきてる学生もいるわけですよね。だけども、ほら、覚えてますか？ 川崎市の外国人が市政に参加するシステムの話[7]。

吉村 外国人市民代表者会議。

大崎 あれが、留学生から出てきたんですよ。

荒井 話題がね。情報をみんなに出してくれた。

大崎 そう。そういう視点というのは、日本に留学してて学んだと。日本国籍の学生からは出てこなかった話題だし、それで、ずっとこの列島で育っている学生はそれでハッとしたんですよね。あれはすごくうれしかった。

吉村 逆に韓国人の学生たちが何人か入っているグループのところで、ジェンダーの議論になったときに、男子学生がもう今や韓国は政治的にリベラルだし、女性の権利は認められているから男女同権は達成されているんだと言ったときに、女子学生の方はまだ男女同権とは言えない状況で、男女格差も男女差別もあって、日常生活でも、キャリア形成でも非常に大きな困難がいまだにあるんだということを言って、あれはほんとに、側で聞いていて、はらはらどきどきというか、ジェンダー平等についてはどこの国でも男女で認識が違うのかと、日本人の学生も感じたかもしれません。

鈴木 自分の経験では、留学した先で自分が何を学びたいんだろうということは、行ってからわかるわけです。あいまいな動機で留学をしたときに、授業でなんとなく知識を得るだけじゃなくて、同世代の若者たちが政治について社会について何を考えてるのか、議論してやろうと思って議論したら面白かった、そこで知る目的を確認しなおすということは大いにありうるだろうなって思いますよ。

大﨑 日本列島でずっと育っている学生たちは、諍いを友達同士では起こさないように、相手に同意することで自分の立ち位置を定めているんですね。だから、日常の中では、論争、議論、っていうものを避けるんです。それをこの授業では、ある意味ゲームとして、制度化しているので、グループ討論がやりやすいってことがあるような気がします。それから留学生の話ですが、私の授業では、留学生と話をしたいという声を取り入れて、留学生に問題提起をしてもらったり、あるいは、留学生と同じグループをつくったりしてやってるんですが、例えば、非常にセンシティブな問題である戦争の問題や、歴史認識の問題も、留学生に、「道場破り」をしてもらうと、そこで殻を破ってもらえる部分があって、全体の議論がものすごく盛り上がるんですね。

学生の理解を深めるための工夫とは

鈴木　授業をやっていてひとつひっかかっているのは、事実をどこまで言うかの加減が難しいなってことです。ぼくは事実を伝えるためには全体構造のことをある程度示さなければいけないと思っています。日本社会がこういう問題を抱えているというときに、じゃあ、ほかの国はどうなんだとか、20年前はどうなんだとか、比較の視点ってやっぱり必要だと思うんですね。それでこそ今の日本はここはおかしいとか、過去の日本はここがおかしかったとか、あるいは、ほかの国ではこういうひどいことが行われているとかということがわかるわけですね。その全体構図みたいなものというのは、例えば流れを教えるとか、データを見せるとかする可能性を探ってもいいのかなという気はしています。ただそれをやりすぎちゃうと、単なる講義になってしまうのがジレンマなのかなあと感じてますね。

大﨑　私もそれ、大賛成です。「経緯」っていう漢字がありますけど、経は横糸、緯は縦糸なんです。だからグローバル化した現代の社会を見るということと同時に、これまでの歴史、特に現代史なんですよ、戦後史なんですね。日本史でも世界史でも、そこはもう、受験勉強にかかわりない、あるいは受験で、おろそかにされる部分なんですが、でもそこが一番大事なのに、多くの学生はそこをきちっと学んでない。そこを確認したうえで、全体構造を示していくという話が今、鈴木さんからあったんですけども、もっとあからさまに言うと、今の新自由主義の社会の仕組みを、学生たちと共有してから、この話に入ると、いろんな問題がビビッドな理解を促すんじゃないかなと。

鈴木　具体的には、ぼくは奨学金とブラックバイトの担当ですが、2回分も使わせてもらっているにもかかわらず、やっぱり時間が足りないなという実感があります。大内裕和先生[8]に、これまでの運動の経緯と戦後の日本の学費、奨学金の変遷みたいなことをお話ししてもらって、ブラックバイトでどんどん若者がひどい状況に置かれていって、異議申し立てしていいんだということをおっしゃっていただいた。で、次の回に、バズセッションやりました。今年はぼくが、イギリスの若者は立ち上がっているとか、学費には国によってこんなに差があるみたいなことを言ったりして。でも結局それも10分、15分で終わってしまって、その先に、そもそも高等教育って社会の中でどういう意義を持っているのかということもほんとは教えたいなという思いがあって。

荒井　過去の例で言うと、学生にあるテーマでちょっとうまく伝わらないことがありました。で、どうしようということになって、次の回にちょっと10分だけレクチャーしてくださいとお願いしました。やってもらったら、学生の反応がとてもよかったんです。だから、そういう状況を学生の様子を踏まえて柔軟に、ちょっと足りなかったから、ここは伝えようみたいにやっていくというのが、一番いい方法のように思うんです。

島本　後はやっぱり教科書で補うということですね。

荒井　本格的にやりたかったら、鈴木宗徳ゼミに来い、とかね。

吉村　結局はそこがひとつジレンマで、1回だけで社会を変えましょう、この問題を解決しましょうというふうには言えないから、難しいというふうにおっしゃる先生はこれまでにいらっしゃった。でも、この授業は決してそうした事例紹介ではなく、すべての回を通じて総体として、いろいろな社会問題があるけれども、どうやったら変えていけるのか、それをみなで議論できるというところでつながっている。それを学生たちにどう伝えていくか、というのが毎年の課題ではありますね。

荒井　学生の感想にもありました。初回の授業では抽象的な問いだなと思っていたが、ずっと授業に出席してやっと全体の筋が通ってたんだとわかったと。最初からまともな答えを求めるのは無理なんですね。ちなみに、初回の授業では講義のタイトルと併せて、あなたは社会を変えるということをどういうふうに思うのか、変えるために私たちに何が必要かということを学生たちに問いかけます。

島本　どうしても初めはまだ、何もネタを出してない段階だし、しかも1年生が多いわけだから、そういう禅問答的な質問にならざるを得ないというのはあります。ただ、その問いをインプットしておけば、彼らはいちばん奥底にそういう問いがあるんだと思いつつ、半年授業を受けていくことになり、抽象的でどんな答えを求められているのかわからないけど、自分なりに答えよう、という意識になりますね。

荒井　けっこう面白がってやりますから、学生はね。

島本　意図が伝わらないっていうところがいいっていうのもあるかもしれないですね。アクティブラーニングをやらされてる感がなくてね。

鈴木　予定調和じゃないほうがいいわけですね。

島本　そうそう。こんな質問どう答えていいのかっていう、こっちの意図があんまりはっきり伝わらない質問のほうが本音が出ますよね。

荒井　そうですね。なるほどね。

吉村　だからバズなんですよ。

荒井　歩きたばこだとか、世界を生き抜くためには英語力が必要だとか。私たちが想定していないことがいっぱい出てきますが、それらもすべて、そうだねと言いながら聞いています。

島本　そこで否定してしまうと、教員が意図したことを言わなきゃいけないのか、と学生が考えてしまうから。

荒井　話をよく聞いてみると、英語力という表現しかできないだけのことで、要はコミュニケーションが大事だということを言いたいのだということがわかったりします。

自己責任論からの解放も大事な目的

鈴木　18歳の若者って、自分がどうやったら自立できるか、どうやったら将来食っていけるか、ということをまず考えてしまうというのはあると思うんです。それを学ぶ目的と考えて大学に入ってくる学生が大半だというのは仕方がない。そういう前提からスタートせざるをえないと思います。今、荒井先生がおっしゃった、英語が必要だというのは、そこが未分化なんですね。英語ができることによって自分のキャリアもアップできるし、同時に国際交流、相互理解もできるかもしれない。そこが未分化であるということをどう解きほぐしていくのかが課題なんだろうと思いますね。

大﨑　もうひとつ踏み込んで言うと、今キャリア教育ということで中等教育までのプロセスで、あなたはどう生きなければいけないのか、あなたの人生はあなたが設計するのですよ、という半ば脅迫的な、新自由主義的な自己責任論の矢面に立たされているのが高校生なのですね。なのでその彼らを、ある意味真の自分の人生の主人公にもう一度、なんというのかな、解放してあげるというのも、この授業の大事な目的なのかもしれません。

鈴木　内申点で関心・意欲・態度を生徒たちはずっと評価されてきて、こんどは道徳の授業で内心の自由までコントロールされる。そういう生徒が大学に入ってくるわけですが、それをどう壊していくかが重要だと思います。まず社会をできるだけ正確に認識したうえで、それを批判していくとか、相対化して見ていく力を持たなければいけない。それをいわば逆風の中でやっていくことになるのは間違いないですね。

大﨑　その1つの方法として、例えば、同じ学校で学んでいる、あるいは学んでいた先輩、同級生から話を聞くというのはすごくいい、生きた総合学習になりますね。実際、自分たちと同じ机を並べている1年生が、衆議院議員選挙候補の選挙運動を手伝ったという実体験を話したのですが、学生たちの反応がとてもよかった。

荒井　自分と同じ教室にいる学生が、政治や選挙、議員とかかわっているというので、「そんな世界があったの?」「自分もやってみたい」といった反応がありましたね。

吉村　ええ、実際に解決するために行動する、行動できる、ということが具体的に見える、イメージできることが大事なのでしょうね。

大﨑　他学部の4年生が自分の経験からLGBTについて語ってくれたこともありました。また、この授業の卒業生が市会議員になったんですが、地方議員がどんな仕事をしているかを語ってもらう企画は定番化しそうですね。

荒井　今後もそういう企画をどんどん充実させていきたいですね。

2018年2月26日、法政大学多摩キャンパスにて

注

1　ポスト・トゥルース（post-truth，脱真実）とは、世論形成において客観的な事実よりも感情に訴える虚偽のニュースが強い影響力をもち、事実が軽視されてゆく状況を指す。２０１６年のイギリスのEU離脱の是非をめぐる国民投票や同年のアメリカ大統領選挙において、事実の裏付けのないフェイク・ニュースがネットで爆発的に拡散したことがそれらの結果を左右したとされ、イギリス・オックスフォード英語辞典はこの言葉を「2016 Word Of The Year」に選んだ。

2　地下鉄の売店の非正規雇用者で、その中でもさらに格差をつけられた悪条件で雇用されている人たちが、労働組合（「全国一般東京東部労組メトロコマース支部」）をつくり、労働環境の改善、差別的雇用の解消をもとめて運動を展開している。その方たちを招いてお話ししてもらった。講義ではドキュメンタリー『メトロレディーブルース』（ビデオプレス　２０１３年３月制作）を鑑賞した。このシリーズはその後同2、同3、そして『非正規に尊厳を！――メトロレディーブルース総集編』（２０１８年２月）まで制作されている。関連文献は東海林智「ストライキの復活――メトロレディースが立ち上がるとき」（『15歳からの労働組合入門』毎日新聞出版、２０１３年11月）などがある。

3　荒井が実兄の裁判についてニュースを発行し、ウェブでも公開していた。

4　「従軍慰安婦」とは、日中戦争・太平洋戦争中に、日本軍の占領地などで軍管理下に一定期間拘束され、日本軍将兵の性の相手をさせられた女性を示す。推計8～20万人。１９９０年以降「民間業者の商行為」「売春婦」などの議論があったが、日本軍の関与が公文書で示され、日本政府も公的に謝罪した。「日本軍性奴隷制」として人権・人道面での重大な戦争犯罪と国際的に批判もされた。国内では強制連行の有無に論点をすり替える議論や、海外では２０１１年以降韓国その他で慰安婦像を設置する運動などもあり、現在も日韓の外交問題となっている。

5 瀬木比呂志（2014）『絶望の裁判所』、講談社現代新書など。

6 働き方改革関連法案の国会審議（２０１８年）において、政府が「裁量労働制で働く方が平均的な一般労働者よりも労働時間が短い」とする根拠として示した調査データが誤りであることを、法政大学キャリアデザイン学部の上西充子教授が指摘し、公聴会公述人として意見を述べるなど野党による法案批判の議論をリードしていたことを指す。その後、政府は法案から裁量労働制部分を全面削除するところまで追い込まれた。

7 川崎市は１９９６年に外国人市民代表者会議を条例で設置した。代表者会議は、公募で選考された26人以内の代表者で構成され、代表者は市のすべての外国人市民の代表者として職務を遂行することとなっている。代表者会議の運営は自主的に行われ、毎年調査審議の結果をまとめて市長に報告し、市長は議会に報告するとともに、これを公表する（川崎市のＨＰより）。

8 中京大学国際教養学部教授。専門は教育学・教育社会学。奨学金問題対策全国会議共同代表。

あとがき

法政大学社会学部の授業『社会を変えるための実践論』が始まって9年目となり、この教科書を上梓してから4年が過ぎた。特講として立ち上げた当初は、まあ5年くらい続けば新しい取り組みとしては成功だろうと思っていたし、また逆に5年もしたら授業がマンネリ化していくかもしれないとも思っていた。しかし実際に授業が始まってみると、学生に具体的にどのようなテーマとどのような内容を投げかけるべきか、また我々はどういう立場で学生と向き合うべきなのか、といったことをめぐって毎年そして日々教員の間で議論が起こり、時には激論になりながら、少しずつ内容をブラッシュアップしていくことになった。この間どのような議論がされてきたのかについては、巻末の座談会をぜひご一読いただきたい。

『そろそろ社会運動の話をしよう』の初版本の刊行は正直なところ困難を極めた。『社会を変えるための実践論』の教科書として何を書くべきか、著者たちはそれぞれ悩んだと思う。どんな内容を書けば学生たちの主体的な思考と行動を呼び覚ますことができるのか。自分の体験を熱く語り、しかし客観性を失わない文体とは何なのか。締め切りを設定しても締め切り通りに全く原稿が出来上がってこない。当時の編集者の赤瀬さんと何回も日程を練り直した。締め切りがとっくに過ぎてしまい、大雪の日に帰りの電車が止まってしまうのではないかという不安に駆られながらある先生のご自宅まで押し掛けたのに、結局原稿ができたのは半年後といった感じだった。

しかし出来上がってみれば、それぞれの章でさまざまな工夫がこらされた本に仕上がっていた。一つだけ気がかりだったのは、格差社会、原発事故による避難地域の問題、ＴＰＰなどこれからの日本に大きな影響を与えるであろう問題が山積する中、若者がどう政治に向き合っていくのかについての章を設けることができなかったという点であった。

今回の改訂で非正規労働に対する格差問題を世の中に訴えかけている若者たち自身が運動について語った章や、我々の日常生活に深く関わっているがなかなか実態が知られていない地方政治について取り上げた章を設けることができた。より教科書としても読み物としてもパワーアップしたのではないかと思う。改訂版を使って、今年度も『社会を変えるための実践論』で学生と一緒に教員一同また新たな発見をしていきたいと思う。

今回の改訂にあたっては、明石書店の大野祐子さん、神野斉さんに大変お世話になった。本書を通じて、社会に主体的に関わろうとする人々が一人でも増えていくことを願ってやまない。

２０１９年２月

島本美保子

吉村真子
1961年東京都生まれ。1992年東京大学大学院第二種博士課程修了。博士(経済学)。法政大学社会学部教授(アジア地域研究)。著書に、『マレーシアの経済発展と労働力構造——エスニシティ、ジェンダー、ナショナリティ』(法政大学出版局、1998年)、『移民・マイノリティと変容する世界』(宮島喬と共編、法政大学出版局、2012年)、*Japan and Southeast Asia: Continuity and Change in Modern Times*(Co-eds.)(Ateneo de Manila UP、2014年)など。

岡野内 正
1958年広島県呉市生まれ。1986年同志社大学大学院経済学研究科博士後期課程退学。法政大学社会学部教授(国際政治経済学、社会理論、イスラーム社会論)。著訳書に、『グローバル・ベーシック・インカム入門——世界を変える「ひとりだち」と「ささえあい」の仕組み』(明石書店、2016年)、『グローバル・ベーシック・インカム構想の射程——批判開発学/SDGsとの対話』(法律文化社、2021年)、ガイ・スタンディング著『プレカリアート——不平等社会が生み出す危険な階級』(監訳、法律文化社、2016年)など。

大﨑雄二
現代中国/東アジア地域研究。1983年東京外国語大学外国語学部中国語学科卒業、日本放送協会(NHK)記者などを経て、東京外国語大学地域文化研究科博士後期課程中退。北海道大学言語文化部、法政大学第一教養学部助教授、2003年より同社会学部教授。

島本美保子
1965年京都府京都市生まれ。慶応義塾大学大学院経済学研究科修了(博士〈経済学〉)。法政大学社会学部教授(環境経済学)。『森林の持続可能性と国際貿易』(岩波書店、2010年)、「熱帯林を中心とした国際的な森林保全」亀山康子・馬奈木俊介編『シリーズ環境政策の新地平5　資源を未来につなぐ』(第3章、岩波書店、2015年、pp.53-74)、'Normative Corporate Income Tax with Rent for SDGs' Funding: Case of the U.S.', *Sustainability* 15(4), 3176, February 2023.

田所健太郎
1990年神奈川県相模原市生まれ。法政大学社会学部卒。大学時代はゼミで現代中国について学ぶ。鉄道機器関連メーカーの営業職などを経て、日本共産党の専従職員に。2015年4月に行われた相模原市議会議員選挙に緑区選挙区から立候補し初当選。2期務めた後、家業を継ぐ。

荒井容子
1958年東京都板橋区生まれ。1983年一橋大学社会学部卒業、1994年東京都立大学大学院博士課程（人文科学研究科教育学専攻）単位取得満期退学。法政大学社会学部教授（社会教育学)。2008年にユネスコ第6回国際成人教育会議のための国内「草の根会議」を組織し、『日本の社会教育・成人教育最近12年の政策・実践・運動：分析と提言 —— 第6回国際成人教育会議(CONFINTEA Ⅵ）に向けた市民社会組織からの報告』（日本語版、英語版いずれもデジタル形式）をまとめ、同ユネスコ会議（2009年12月、ベレン〈ブラジル〉にて開催）に提出。両版とも「草の根会議」のホームページからダウンロード可能。英語版（初版）はユネスコのデジタル・ライブラリーに登録・保存されている。

執筆者略歴（執筆順）

田中優子

1952年神奈川県横浜市生まれ。1980年法政大学大学院博士課程（日本文学専攻）修了。法政大学社会学部教授（近世文学）。2012年より社会学部長。2014年4月から法政大学総長を歴任。現在は名誉教授。『江戸百夢』（朝日新聞社、ちくま文庫、2010年）で芸術選奨文部科学大臣賞、サントリー学芸賞受賞。2005年紫綬褒章受章。著書に、『江戸の想像力』（ちくま学芸文庫、1992年、芸術選奨文部大臣新人賞受賞）など。

鈴木宗徳

1968年神奈川県横浜市生まれ。1999年一橋大学大学院社会学研究科博士後期課程（社会学専攻）単位取得退学。法政大学社会学部教授（社会学）。著書に、『21世紀への透視図——今日的変容の根源から』（共編著、青木書店、2009年）、『リスク化する日本社会——ウルリッヒ・ベックとの対話』（共編訳、岩波書店、2011年）、『〈私〉をひらく社会学』（共著、大月書店、2014年）、『個人化するリスクと社会——ベック理論と現代社会』（編著、勁草書房、2015年）、『危機に対峙する思考』（共編著、梓出版社、2016年）などがある。

平塚眞樹

1961年東京都生まれ。1984年京都大学教育学部卒業、1990年東京大学大学院博士課程（教育学研究科）単位取得退学。法政大学社会学部教授（教育学）。著書に、『若者問題と教育・雇用・社会保障』（共編、法政大学出版局、2011年）、『危機のなかの若者たち』（共著、東京大学出版会、2017年）、『ユースワークとしての若者支援——場をつくる・場を描く』（編著、大月書店、2023年）など。

藤代裕之

1973年徳島県生まれ。1996年広島大学文学部卒、2008年立教大学21世紀社会デザイン研究科修士課程修了。法政大学社会学部准教授／ジャーナリスト。徳島新聞の記者として司法、地方自治体を取材、NTTレゾナントでニュース、新サービス開発を担当した。日本ジャーナリスト教育センター（JCEJ）代表運営委員。著書に『発信力の鍛え方』（PHP研究所、2011年）、『ネットメディア覇権戦争』（光文社、2017年）など。

そろそろ「社会運動」の話をしよう【改訂新版】

自分ゴトとして考え、行動する。社会を変えるための実践論

二〇一九年四月一日　初版第一刷発行
二〇二三年九月二〇日　初版第二刷発行

編　者——田中優子
法政大学社会学部「社会を変えるための実践論」講座

発行者——大江道雅

発行所——株式会社 明石書店
一〇一-〇〇二一　東京都千代田区外神田六-九-五
電　話　〇三-五八一八-一一七一
ＦＡＸ　〇三-五八一八-一一七四
振　替　〇〇一〇〇-七-二四五〇五
http://www.akashi.co.jp

組　版——朝日メディアインターナショナル 株式会社
装　幀——クリエイティブ・コンセプト
印　刷——モリモト印刷 株式会社
製　本——モリモト印刷 株式会社

（定価はカバーに表示してあります）
ISBN 978-4-7503-4820-9

JCOPY
〈出版者著作権管理機構 委託出版物〉
本書の無断複製は著作権法上での例外を除き禁じられています。
複製される場合は、そのつど事前に出版者著作権管理機構
（電話 03-5244-5088、FAX 03-5244-5089、
e-mail: info@jcopy.or.jp）の許諾を得てください。

ニート・フリーターと学力
未来への学力と日本の教育 5
佐藤洋作、平塚眞樹編著 ◎2400円

グローバル・ベーシック・インカム入門 世界を変える「ひとりだち」と「ささえあい」の仕組み
クラウディア・ハーマン、ディルク・ハーマン、ヘルベルト・ヤウフ、ヒルマ・シンドンドラ＝モテ、ニコリ・ナットラスほか著
岡野内正著・訳 ◎2000円

ええ、政治ですが、それが何か？
自分のアタマで考える政治学入門 岡田憲治著 ◎1800円

18歳成人社会ハンドブック 制度改革と教育の課題
田中治彦編著 ◎2500円

かわはら先生の憲法出前授業 よくわかる改憲問題
高校生と語りあう日本の未来
川原茂雄著 ◎1400円

10代からの批判的思考 社会を変える9つのヒント
名嶋義直編著 寺川直樹、田中俊亮、竹村修文、後藤玲子、今村和宏、志田陽子、佐藤友則、古閑涼二著 ◎2300円

高校生運動の歴史 新制高校・生徒会連合・60年安保・〝高校紛争〟・反管理主義
高橋雄造著 ◎6300円

ジェンダーについて大学生が真剣に考えてみた
あなたがあなたらしくいられるための29問
佐藤文香監修 一橋大学社会学部佐藤文香ゼミ生一同著 ◎1500円

世界を動かす変革の力 ブラック・ライブズ・マター共同代表からのメッセージ
アリシア・ガーザ著 人権学習コレクティブ監訳 ◎2200円

差別と資本主義 レイシズム・キャンセルカルチャー・ジェンダー不平等
トマ・ピケティほか著 尾上修悟、伊東未来、眞下弘子、北垣徹訳 ◎2700円

「黄色いベスト」と底辺からの社会運動
フランス庶民の怒りはどこに向かっているのか
尾上修悟著 ◎2300円

コロナ禍3年 聴き続けた1万5000の声
電話相談から始まる、未来を創る運動
小久保哲郎、猪股正、コロナ災害なんでも電話相談会実行委員会編 ◎2000円

いっしょに考える難民の支援
日本に暮らす「隣人」と出会う
森恭子、南野奈津子編著 ◎2500円

貧困と排除に立ち向かうアクションリサーチ
韓国・日本・台湾・香港の経験を研究につなぐ
全泓奎著 ◎2800円

貧困研究 日本初の貧困研究専門誌 【年2回刊】
『貧困研究』編集委員会編集 ◎1800円

ユネスコ フェイクニュース対応ハンドブック
SNS時代のジャーナリズム教育
ユネスコ編 加納寛子訳 ◎2600円

〈価格は本体価格です〉